Simone Gutacker

Gesammelte Predigten Band I

Simone Gutacker

Gesammelte Predigten Band I

Advent bis Sexagesimae

Fromm Verlag

Impressum / Imprint
Bibliografische Information der Deutschen Nationalbibliothek: Die Deutsche Nationalbibliothek verzeichnet diese Publikation in der Deutschen Nationalbibliografie; detaillierte bibliografische Daten sind im Internet über http://dnb.d-nb.de abrufbar.

Bibliographic information published by the Deutsche Nationalbibliothek: The Deutsche Nationalbibliothek lists this publication in the Deutsche Nationalbibliografie; detailed bibliographic data are available in the Internet at http://dnb.d-nb.de.

Verlag / Publisher:
Fromm Verlag
ist ein Imprint der / is a trademark of
OmniScriptum GmbH & Co. KG
Heinrich-Böcking-Str. 6-8, 66121 Saarbrücken, Deutschland / Germany
Email: info@frommverlag.de

Herstellung: siehe letzte Seite /
Printed at: see last page
ISBN: 978-3-8416-0441-5

Inhaltsverzeichnis:

(1)3. Advent[1]:

Jesaja 40,1-11: Die Verheißung der Heimkehr

Tröstet, tröstet mein Volk!, spricht euer Gott. Redet mit Jerusalem freundlich und predigt ihr, dass ihre Knechtschaft ein Ende hat, dass ihre Schuld vergeben ist; denn sie hat doppelte Strafe empfangen von der Hand des HERRN für alle ihre Sünden. Es ruft eine Stimme: In der Wüste bereitet dem HERRN den Weg, macht in der Steppe eine ebene Bahn unserm Gott! Alle Täler sollen erhöht werden, und alle Berge und Hügel sollen erniedrigt werden, und was uneben ist, soll gerade, und was hügelig ist, soll eben werden; denn die Herrlichkeit des HERRN soll offenbart werden, und alles Fleisch miteinander wird es sehen; denn des HERRN Mund hat's geredet. Es spricht eine Stimme: Predige!, und ich sprach: Was soll ich predigen? Alles Fleisch ist Gras, und alle seine Güte ist wie eine Blume auf dem Felde. Das Gras verdorrt, die Blume verwelkt; denn des HERRN Odem bläst darein. Ja, Gras ist das Volk! Das Gras verdorrt, die Blume verwelkt, aber das Wort unseres Gottes bleibt ewiglich. Zion, du Freudenbotin, steig auf einen hohen Berg; Jerusalem, du Freudenbotin, erhebe deine Stimme mit Macht; erhebe sie und fürchte dich nicht! Sage den Städten Judas: Siehe, da ist euer Gott; siehe, da ist Gott der HERR! Er kommt gewaltig, und sein Arm wird herrschen. Siehe, was er gewann, ist bei ihm, und was er sich erwarb, geht vor ihm her. Er wird seine Herde weiden wie ein Hirte. Er wird die Lämmer in seinen Arm sammeln und im Bausch seines Gewandes tragen und die Mutterschafe führen.[2]

Liebe Gemeinde!

So, wie wir heute Advent feiern und auf die Ankunft Gottes hinweisen, so hat bereits vor 2,5 Jahrtausenden ein Prophet inmitten der babylonischen Gefan-

---

[1] (17.12.2000)

[2] Lutherbibel, revidierter Text 1984, durchgesehene Ausgabe, © 1999 Deutsche Bibelgesellschaft, Stuttgart.

genschaft auf das Kommen Gottes hingewiesen. Er verheißt dem geknechteten Volk Israel die Befreiung aus der Gefangenschaft und die Heimkehr nach Jerusalem mitten durch die Wüste. Er tröstet das Volk mit dem Wort Gottes, welches er auf eigenartige Weise vernommen hat. Zuerst erfährt er von einem Auftrag Gottes, das Volk zu trösten und Jerusalem Mut zuzusprechen. Dieser lautet: Tröstet, tröstet mein Volk! spricht euer Gott. Redet mit Jerusalem freundlich und prediget ihr, dass ihre Knechtschaft ein Ende hat, dass ihre Schuld vergeben ist: denn sie hat doppelte Strafe empfangen von der Hand des Herrn für alle ihre Sünden. Offensichtlich denkt das gefangene Volk, dass es die Knechtschaft als doppelte Strafe für die eigenen Vergehen vom Herrn empfangen hat. Es ist niedergeschlagen, vor allem, weil es sich die Schuld für die Gefangenschaft selbst zuschreibt. Es ist sozusagen doppelt gefangen: einmal indem es in einem fremden Land, weit entfernt von der vertrauten Heimat lebt, unter fremder Herrschaft das Leben fristen muss, und zum andern, weil es ohne Aussicht auf Heimkehr glaubt, diese Ausweglosigkeit sei selbstverschuldet und Strafe Gottes. Mitten in diese Gefangenschaft soll nun ein Trostwort ergehen. Eine zu Herzen gehende freundliche Botschaft soll das Ende der Knechtschaft verkündigen und die bereits geschehene Vergebung der Schuld predigen. Mitten in die noch bestehende Knechtschaft hinein erklingt die merkwürdige Botschaft von der Befreiung aus der Gefangenschaft. Die verheißungsvolle Heimkehr nach Jerusalem wird denkbar. Das Geschehen vom Auszug des Volkes Israel aus Ägypten klingt mit an. Und da die Botschaft so unglaublich und unerhört ist, muss hier bekräftigt werden: so spricht euer Gott! Das ist Gottes Wille! Und weiter heißt es im Text: Es ruft eine Stimme: In der Wüste bereitet dem Herrn den Weg, macht in der Steppe eine ebne Bahn unserm Gott! Alle Täler sollen erhöht werden, und alle Berge und Hügel sollen erniedrigt werden, und was uneben ist, soll gerade, und was hügelig ist, soll eben werden; denn die Herrlichkeit des Herrn soll offenbart werden, und alles Fleisch miteinander wird es sehen; denn des Herrn Mund hat´s geredet. Hier ist die Rede vom Bau einer Prachtstraße für Gott. Derselbe Gott, der das Ende der Knechtschaft verheißen hat, will seine Herrlichkeit offenbaren. Wie bei der Wüstenwanderung des Volkes Israel von Ägypten ins gelobte Land soll auch hier der Heimweg von Babylon nach Jerusalem mitten durch die Wüste gehen. Kein Hindernis auf dem Weg kann die Heimkehr verhindern. Berge und Hügel sollen erniedrigt und Täler erhöht werden. Der Heimweg soll geebnet sein. Es gibt keinen Anlass zu stolpern. Der Weg des Herrn führt schnurstracks und ohne Umwege mitten durch die Wüste. Die Bahn Gottes ist gerade und eben. Gott wird kommen und sich erweisen. Alles Fleisch wird die Herrlichkeit des Herrn sehen, denn so hat der Mund des Herrn gesprochen. Im Text heißt es weiter: Es spricht eine Stimme: Predige!, und ich sprach: Was soll ich predigen? Nachdem zuvor eine Stimme gerufen hat, ist nun eine sprechende Stimme zu hören. Diesmal ergeht sie allerdings direkt an den Propheten. Sie beauftragt ihn zu predigen. Er weiß sich angesprochen und ist offensichtlich auch bereit dazu. Er erkundigt sich nun noch nach dem Inhalt der zu haltenden Predigt. Auf seine Frage erhält er unmittelbar eine Antwort. Sie lautet: Alles Fleisch ist Gras, und alle seine Güte ist wie eine Blume auf dem Felde. Das Gras verdorrt, die Blume verwelkt; denn des Herrn Odem bläst darein. Ja, Gras ist das Volk! Das Gras verdorrt, die Blume verwelkt, aber das Wort unseres Gottes bleibt ewiglich. Das Fleisch, von dem es eben noch hieß, es solle die Herrlichkeit des Herrn schauen, wird jetzt mit der Vergänglichkeit konfrontiert. Eben noch sollte sich des Herrn Herrlichkeit dem Fleisch offenbaren. Jetzt soll es, vom Atem Gottes angehaucht, verwelken wie eine Blume auf dem Felde und verdorren wie Gras in der Steppe, das vom Wüstenwind versengt wird. Das Fleisch ist vergänglich und das einzig bleibende und ewig bestehende ist das Wort Gottes. Und dieses von mehreren Stimmen verkündete Wort Gottes lautet: Tröstet das Volk! Redet freundlich mit ihm! Predigt ihm das Ende der Knechtschaft! Predigt ihm die Vergebung der Schuld! Dies ist der Inhalt für die Predigt. Es ist in erster Linie eine Trostbotschaft: Zion, du Freudenbotin, steig auf einen hohen Berg; Jerusalem, du Freudenbotin, erhebe deine Stimme mit Macht; erhebe sie und fürchte dich nicht! Sage den Städten Judas: Siehe, da ist euer Gott! Siehe, da ist Gott der Herr! Er kommt gewaltig, und sein Arm wird herrschen. Siehe, was er gewann, ist bei ihm, und was er sich erwarb, geht vor ihm her. Er wird seine Herde weiden wie ein Hirte. Er wird die Lämmer in seinen Arm sammeln und im Bausch seines Gewandes tragen und die Mutterschafe führen. In diesem Abschnitt ist alles beinhaltet und umgesetzt, was zuvor in Auftrag gegeben wurde. Zuerst hat Gott gesprochen. Hörer des Wortes Gottes haben es weitergesagt. Stimmen sagen und rufen es anderen zu. Der Prophet wird mit der Trostpredigt beauftragt. Zion und Jerusalem sollen sie den Städten Judas zurufen. So, bis zu guter letzt ein jeder die Trostbotschaft vernommen hat. Diese lautet: Siehe, da ist euer Gott! Siehe, da ist Gott der Herr! Siehe, er kommt gewaltig! Gottes Ankunft ist die Trostbotschaft. Und die, die diese Freudenbotschaft dem Volk Israel, den Städten Judas mitteilen sollen, sind Zion und Jerusalem. Sie sollen auf einen hohen Berg steigen und mit Macht die Stimme erheben ohne sich zu fürchten. Sie sollen die Ankunft Gottes aufzeigen. Vom Berg aus sehen sie ihn zuerst. Er kommt die Prachtstraße entlang. Die Hand des Herrn hat zuvor noch Strafe vergeben. Der Mund des Herrn hat die Offenbarung seiner Herrlichkeit verheißen. Nun wird der Arm des Herrn herrschen. Vor ihm her, auf der Königsstraße von Babylon nach Jerusalem, geht alles, was er sich erworben hat. Sein Volk, das er getröstet wissen will, weidet er wie ein Hirte seine Herde. Die, die des meisten Trostes bedürftig sind, leitet er sacht. Die, denen der Weg zu anstrengend ist, die sammelt er, um sie im Bausch seines Gewandes zu tragen. Er führt sie alle aus der Gefangenschaft heim. Und so können auch wir die adventliche Trostbotschaft für uns annehmen: Gott ist auch zu uns in unsere Knechtschaft gekommen! Gott kommt auch zu uns, um uns zu trösten - dessen müssen wir uns nicht vertrösten lassen, sondern dürfen getrost sein! Und er wird auch zu uns kommen, um uns aus unserer Gefangenschaft zu befreien! Siehe, da ist euer Gott! Siehe, da ist Gott, der Herr! Siehe, er kommt gewaltig!

Und der Friede Gottes, welcher höher ist als alle Vernunft, bewahre eure Herzen und Sinne in Christus Jesus. Amen!

(2)3. Advent[3]:
Jeremia 23,5-8: Die Verheißung eines gerechten Königs

Liebe Gemeinde.

In Jeremia 23,5-8 heißt es:
Siehe, es kommt die Zeit, spricht der HERR, dass ich dem David einen gerechten Spross erwecken will. Der soll ein König sein, der wohl regieren und Recht und Gerechtigkeit im Lande üben wird. Zu seiner Zeit soll Juda geholfen werden und Israel sicher wohnen. Und dies wird sein Name sein, mit dem man ihn nennen wird: »Der HERR unsere Gerechtigkeit«. Darum siehe, es wird die Zeit kommen, spricht der HERR, dass man nicht mehr sagen wird: »So wahr der HERR lebt, der die Israeliten aus Ägyptenland geführt hat!«, sondern: »So wahr der HERR lebt, der die Nachkommen des Hauses Israel heraus geführt und hergebracht hat aus dem Lande des Nordens und aus allen Landen, wohin er sie verstoßen hatte.« Und sie sollen in ihrem Lande wohnen.[4]

Diese Verheißungen sind 2600 Jahre alt. Sie galten den Israeliten in babylonischer Gefangenschaft. Wir sind keine Israeliten. Die babylonische Gefangenschaft ist längst Vergangenheit. Was haben wir also mit diesem Text zu tun? Wir feiern Advent. Dieser Text eröffnet den Advent, er verheißt einen gerechten König. Wir leben nicht mehr in der Zeit der Monarchien. Diese sind

---
[3] (12.12.2004)
[4] Lutherbibel, revidierter Text 1984, durchgesehene Ausgabe, © 1999 Deutsche Bibelgesellschaft, Stuttgart.

meist der Demokratie gewichen. Doch ist unsere Sehnsucht nach Gerechtigkeit nach wie vor dringlich und aktuell. Ich möchte Sie nicht mit Beschreibungen aus der Geschichte langweilen. Meiner Meinung nach genügt es vollkommen, die Bilder, die der Text in uns hervorruft, aufzugreifen und uns vor Augen zu führen. Es sind uralte Bilder, tief in unser Sehnen und Hoffen hineingelegt: Zuerst: „Siehe, es kommt die Zeit...“. Im Hebräischen heißt es hier: „Siehe, Tage kommen“. Advent ist lateinisch und bedeutet „Ankunft“. Dieser Text verheißt uns die Ankunft einer neuen Zeit, gewisser Tage, in denen menschliches Verlangen nach Gerechtigkeit erfüllt werden soll. Ein Fenster zur Zukunft hin wird eröffnet. So, wie Kinder in der Adventszeit täglich ihr Türchen öffnen. Dann: „Es spricht der Herr“. Im Hebräischen heißt es schlichter: „Spruch Jahwes“ – „Spruch des Herrn“. Und steht dadurch, dass es eben ein Ausspruch Gottes ist, gleichbedeutend für unumstößliche Wahrheit, unverrückbare Aussage, absolute Zuverlässigkeit. Weiter: „Recht und Gerechtigkeit im Lande“ soll geübt werden. Im Hebräischen geht es noch über die Landesgrenzen hinaus, indem dort von Recht und Gerechtigkeit auf der Erde die Rede ist. Allumfassend, unabhängig von nationalen Grenzen und Beschränkungen. Globales Denken, bereits vor drei Jahrtausenden. Anschließend: Es soll „Juda geholfen werden und Israel sicher wohnen“, übersetzt Luther. Im Hebräischen ist nicht nur von geringfügiger Hilfe die Rede, sondern von Befreiung aus der Not, von Rettung und Sieg. Ebenso nicht nur von einer sicheren Behausung, sondern von einem Gefühl der Sicherheit, einem Leben ohne Furcht und Gefahr, von Hoffnung und Vertrauen. Danach: Der Name des gerechten Königs soll sein: „Der Herr unsere Gerechtigkeit“. Im Hebräischen heißt es „unsere Wahrhaftigkeit / unsere Aufrichtigkeit“. Gemeint ist das vor Gott Wohlgefällige, das rechte Verhalten, das richtig Gestellte und Gebührende. Daraufhin: Er hatte sie „verstoßen“. Im Hebräischen heißt es: er hat sie „versprengt werden lassen“. Er hat sie weggestoßen, vertrieben, verbannt, verführt, vom rechten Weg abgebracht, verscheucht. Sie haben sich von Gott entfernt. Im Anschluss: Er hat sie „heraus geführt“. Im

Hebräischen heißt es: er hat sie heraufgebracht, hinaufsteigen lassen. Er macht, dass sie hinaufgehen, aufgehen – wie die Sonne / wie ein Stern. Und schließlich: „Und sie sollen in ihrem Land wohnen". Im Hebräischen heißt es umfassender: sie siedeln auf ihrer Erde. Auf dem Erdboden, auf dem Acker, aus dem die Menschheit geschaffen wurde, in ihrer wahren Heimat. Diese Bilder in uns anklingen zu lassen, kann Sehnsucht wachrufen und hervorbringen. Adventliche Sehnsucht auf das Kommen unserer Wahrhaftigkeit und Aufrichtigkeit. Hoffnung auf ein Leben ohne Angst, ohne Furcht und Gefahr. Hoffnung auf Befreiung aus der Not, auf Rettung und Vertrauen. Hoffnung auf ein Ende der Verbannung und der Gottesferne, auf eine Rückkehr auf den rechten, richtigen, Gott wohlgefälligen Weg. Ein Verlangen nach einem Wort von Gott, einem wahrhaftigen Wort, einem Wort, auf das Verlass ist. Verlangen nach dem Herausgeführt-Werden aus der Verbannung, nach dem Aufstieg aus der Irre. Ein Verlangen nach Heimat. Jeremia, unser Prophet, kannte dieses Verlangen. Er hat es immer wieder wachgerufen, - nicht nur vor 2600 Jahren. Auch heute noch können wir uns an dieses Verlangen erinnern lassen. Inmitten von Hoffnungslosigkeiten, Trostlosigkeit, Angst und Gefangenschaften aller Art, dürfen wir uns die Verheißung des Jeremia zusprechen lassen und die tiefe Sehnsucht in uns wachhalten. Gerade zu Advent, der erwarteten Ankunftszeit des gerechten Königs, „unserer Gerechtigkeit". Auf dass wir auf der Erde, auf dem Lehm, aus dem wir geschaffen sind, leben können. Auf dass wir die Hoffnung beibehalten und den Glauben daran, aus unserer je persönlichen „babylonischen Gefangenschaft" herausgeführt zu werden in das, was unsere Heimat ist. „Siehe, es kommt die Zeit!" Spruch Gottes! Lasst uns Ausschau halten und ein Fenster für diese ankommende adventliche Zeit geöffnet halten. Macht hoch die Tür des Herzens.

Und der Friede Gottes, der höher ist als all unsere Vernunft, der bewahre unsere Herzen und Sinne in Christus Jesus. Amen.

(3)4. Advent[5]:

Lukas 1,26-38: Die Verheißung der Geburt Jesu

Liebe Gemeinde!

Im heutigen Predigttext geht es um die Begegnung einer Frau mit einem Engel. In der Bibel ist häufiger von der Begegnung zwischen Frauen und Engeln die Rede. Meist in dem Zusammenhang, dass ihnen die Geburt eines Kindes verkündigt wird. Oftmals genau dann, wenn sie eigentlich für unfruchtbar gehalten werden – oder sie scheinbar keine Überlebens-Chancen mehr haben.
A) So begegnet ein Engel der Hagar in der Wüste, als sie kurz vor dem Verdursten steht und kündigt ihr die Geburt des Ismael an, aus dem ein großes Volk hervorgehen soll.
B) So wird der Sara, die aufgrund ihres Alters und ihrer Unfruchtbarkeit keine Aussichten mehr auf Nachwuchs hat, von drei Engeln ein Kind verheißen, das zu einem großen Volk werden soll. Sie hält die Botschaft für dermaßen unglaublich, dass sie laut lachen muss.
C) Ähnlich ungläubig reagiert vorläufig auch die Frau in unserer Geschichte. Ihr wird ein Kind angekündigt, ohne dass sie jemals sexuellen Kontakt mit einem Mann hatte. Sie ahnen bestimmt schon, wen ich meine. Jawohl, es geht um Maria, um die sogenannte „jungfräuliche" Mutter Jesu. Dieser „jungen Frau" wird durch den Engel Gabriel schier Unglaubliches zugesprochen. Die Evangelienlesung von eben schließt direkt an unseren Predigttext an, den ich nun aus dem Lukas-Evangelium - Kapitel 1, die Verse 26 bis 38 - vorlesen werde:

„Und im sechsten Monat wurde der Engel Gabriel von Gott gesandt in eine Stadt in Galiläa, die heißt Nazareth, zu einer Jungfrau, die vertraut war einem

[5] (19.12.2004)

Mann mit Namen Josef vom Hause David; und die Jungfrau hieß Maria. Und der Engel kam zu ihr hinein und sprach: Sei gegrüßt, du Begnadete! Der Herr ist mit dir! Sie aber erschrak über die Rede und dachte: Welch ein Gruß ist das? Und der Engel sprach zu ihr: Fürchte dich nicht, Maria, du hast Gnade bei Gott gefunden. Siehe, du wirst schwanger werden und einen Sohn gebären, und du sollst ihm den Namen Jesus geben. Der wird groß sein und Sohn des Höchsten genannt werden; und Gott der Herr wird ihm den Thron seines Vaters David geben, und er wird König sein über das Haus Jakob in Ewigkeit, und sein Reich wird kein Ende haben. Da sprach Maria zu dem Engel: Wie soll das zugehen, da ich doch von keinem Mann weiß? Der Engel antwortete und sprach zu ihr: Der heilige Geist wird über dich kommen, und die Kraft des Höchsten wird dich überschatten; darum wird auch das Heilige, das geboren wird, Gottes Sohn genannt werden. Und siehe, Elisabeth, deine Verwandte, ist auch schwanger mit einem Sohn, in ihrem Alter, und ist jetzt im sechsten Monat, von der man sagt, dass sie unfruchtbar sei. Denn bei Gott ist kein Ding unmöglich. Maria aber sprach: Siehe, ich bin des Herrn Magd; mir geschehe, wie du gesagt hast. Und der Engel schied von ihr."[6]

Ich möchte mir nun nicht mit Ihnen den Kopf darüber zerbrechen, ob, wie und von wem die Jesusmutter biologisch befruchtet wurde. Es geht gar nicht so sehr darum, ob Maria als „unbefleckte Jungfrau" ihr Kind durch den heiligen Geist empfangen hat, wie wir es im Glaubensbekenntnis bekennen. Vielmehr geht es darum, dass einer Frau etwas gänzlich Unmögliches zugetraut und zugemutet wird. So, wie Sara und Elisabeth, den Unfruchtbaren, je ein Sohn verheißen wird, so kann auch Maria, die von keinem Manne weiß, ein Kind angekündigt werden. Fruchtbarkeit dort, wo alle Welt an der Unfruchtbarkeit bzw. Befruchtungslosigkeit festhalten möchte. Wüsten grünen und den Bergen entspringt plötzlich eine Wasserquelle. Sollten wir Gott, dem wir zutrau-

[6] Lutherbibel, revidierter Text 1984, durchgesehene Ausgabe, © 1999 Deutsche Bibelgesellschaft, Stuttgart.

en, dass er Steine in Brot verwandelt (bzw. Wasser in Wein), denn nicht auch zutrauen, dass er Fruchtbarkeits-Wunder vollbringen könnte? Doch sogar Maria, die leibliche Mutter des irdischen Jesus, scheint ihre Probleme mit dem Gottvertrauen gehabt zu haben: Sie stimmt nicht sofort in die wunderbare Verheißung des Gottesboten ein. Erst allmählich bewegt sie sich auf dieses Gottvertrauen zu und vermag, sich da hinein zu begeben.

1) Zuerst erschrickt sie. Sie fragt sich: „was ist das?“ Sie denkt! Sie überlegt, was mit ihr geschehen sein könnte. Sie bemüht sich, zu begreifen. Sie hat ihr Gegenüber noch nicht erkannt, spricht nicht laut mit ihm, entgegnet nichts, sondern denkt leise – für sich allein. Sie vermutet vielleicht, Halluzinationen zu haben. Damit denkt sie das, was einige von Ihnen vielleicht auch denken: Es gibt doch gar keine Engel, das ist doch Quatsch – Kinderglaube!

2) Als Zweites traut sie sich immerhin schon, zu dem Engel zu sprechen. Jedoch ist sie immer noch skeptisch und muss sich vergewissern. Sie fragt: „Wie soll das zugehen?“ Sie will es wissen, will es verstehen. Sie argumentiert: „Es kann gar nicht klappen, da ich doch von keinem Manne weiß!“ Sie eröffnet quasi ein Streitgespräch mit dem Engel oder weitergedacht, mit dem, der diesen Engel gesandt hat, mit Gott. Sie wagt sich, Gottes Botschaft anzuzweifeln. Damit äußert sie genau dieselben Zweifel, die auch wir heute noch mit diesem Text haben: Einer biologischen Jungfräulichkeit kann niemals Nachwuchs entspringen.

3) Erst danach folgt die dritte und letzte Bewegung: Das Einverständnis Marias mit der Botschaft des Engels. Sie bekennt: „Siehe, ich bin des Herrn Magd. Mir geschehe, wie du gesagt hast.“ Maria hat die Botschaft Gottes angenommen. Entgegen aller Sinnwidrigkeiten und Un- bzw. Übervernunft. Sie glaubt dem Engel und der unbegreiflichen Verheißung. Sie gibt sich dieser Verkündigung hin und ermöglicht damit Unmögliches. Sie empfängt den Heiligen Geist, lässt sich von der Kraft des Höchsten überschatten. Ihr geschieht, was Jesus erst später bei seiner Taufe geschehen wird und dessen Jüngern erst zu Pfingsten: „Heilige Begeist(er)ung“! Damit wird sie nicht nur

biologisch zur Vorfahrin Jesu, sondern auch geistig zu einer Vorläuferin. Sie glaubt der Botschaft des Engels, dass bei Gott kein Ding unmöglich ist. Sie glaubt daran, dass sie Gnade bei Gott gefunden hat. Sie vertraut der Verheißung Gottes, dass sie Heiliges gebären wird: den Sohn des Höchsten, Gottes Sohn, dessen Reich kein Ende haben wird, der König sein wird in Ewigkeit. Die Einübung des Gottvertrauens der Maria kann uns ein Vorbild sein:

i) Wie sie, können wir das Erschrecken vor einer Gottesbegegnung hinter uns lassen – uns auf einen Dialog mit Gott einlassen, der uns eine neue Perspektive eröffnet, so unglaublich sie uns auch erscheinen mag.

ii) Wie sie, können wir darauf vertrauen, dass bei Gott nichts unmöglich ist – auch wenn wir es nicht begreifen können.

iii) Wie sie, dürfen wir glauben, dass Gott mit uns sein will. So möge der Heilige Geist auch uns überkommen, uns Unmögliches zusprechen, zutrauen, zumuten. Mögen auch wir, entgegen aller Zweifel und Ungläubigkeiten, Gott das einfache Einverständnis der Maria entgegenbringen können. „Amen" ist hebräisch und bedeutet: „Es soll geschehen!" Mögen auch wir jeweils sagen können: „Mir geschehe, wie du gesagt hast!".

Und der Friede Gottes, der höher ist als alle Vernunft, bewahre unsere Herzen und Sinne in Christus Jesus. Amen.

(4)4. Advent[7]:

2. Korinther 1,18-22: Wider den Vorwurf der Unwahrhaftigkeit

Gott ist mein Zeuge, dass unser Wort an euch nicht Ja und Nein zugleich ist. Denn der Sohn Gottes, Jesus Christus, der unter euch durch uns gepredigt worden ist, durch mich und Silvanus und Timotheus, der war nicht Ja und Nein, sondern es war Ja in ihm. Denn auf alle Gottesverheißungen ist in ihm

[7] (18.12.2005)

das Ja; darum sprechen wir auch durch ihn das Amen, Gott zum Lobe. Gott ist's aber, der uns fest macht samt euch in Christus und uns gesalbt und versiegelt und in unsre Herzen als Unterpfand den Geist gegeben hat.[8]

Gnade sei mit uns und Friede von Gott unserm Vater und unserm Herrn Jesus Christus. Amen.

Liebe Gemeinde.

Heute feiern wir den vierten Advent. Den letzten Advent vor der Weihnacht. Wir sind schon ganz nah dran an Weihnachten. Weihnachten steht kurz bevor. Vier Kerzen brennen.Woche für Woche ist es heller geworden. Darum lautet die Botschaft für den vierten Advent, wie wir im Wochenspruch hören durften (Philipper 4,4.5b):

Freuet euch in dem Herrn allewege. Und abermals sage ich: Freuet euch! [...] Der Herr ist nahe![9]

Freude wird uns angeraten. Zur Freude sind wir aufgerufen, ja, sogar [imperativisch] aufgefordert. Öffnet eure Türen, macht eure Herzens-Türen auf und weit für die Ankunft des Herrn. Macht hoch die Tür, die Tor macht weit, es kommt der Herr der Herrlichkeit. Zu dieser Adventsfreude steht unser heutiger Predigttext in eigenartigem Widerspruch. Paulus schreibt diesen Briefteil an die Korinther nicht, um sie zur Freude aufzurufen. Eigentlich hatte Paulus der Gemeinde in Korinth versprochen, sie noch einmal zu besuchen. Doch statt des Besuches erhalten die Korinther eine Absage von Paulus. Sie werfen ihm vor, er habe sein Wort gebrochen. Er versucht nun, mittels des Brie-

[8] Lutherbibel, revidierter Text 1984, durchgesehene Ausgabe, © 1999 Deutsche Bibelgesellschaft, Stuttgart.
[9] Lutherbibel, revidierter Text 1984, durchgesehene Ausgabe, © 1999 Deutsche Bibelgesellschaft, Stuttgart.

fes, ihnen zu erklären, warum er sie nicht besuchen kann. Paulus schreibt, er möchte die Korinther schonen. Er möchte die Gemeinde in Korinth nicht betrüben. Genausowenig will er durch die Gemeinde in Korinth betrübt werden. Doch die Gemeinde in Korinth betrübt den Apostel allzusehr. Die Korinther sind mit einer andersartigen Christus-Lehre in Berührung gekommen. Die Gemeinde in Korinth ist Einflüssen einer konkurrierenden Christus-Idealisierung ausgeliefert. Sie ist nun geneigt, die Lehre des Apostels Paulus hinter sich zu lassen, um eben diesem anderen Christus-Idol nachzufolgen. Eben aufgrund dieses veränderten Christus-Bildes ist es zwischen Paulus und der Gemeinde in Korinth zu einer Glaubensstreitigkeit gekommen, die es dem Apostel unmöglich macht, in „seiner" Gemeinde zu Besuch zu kommen. Die Christus-Vorstellung, die in Korinth ihr „Unwesen" trieb, dürfte uns auch heute noch bzw. wieder sehr bekannt vorkommen. In ihr wird aus Christus eine Vorbildfunktion, die aus dem Nachfolger einen Nachahmer gnostischer Humanitäts-Ideale macht. Christus bzw. der Mensch an sich soll allen wohlgefällig erscheinen, vor allem aber und gerade auch sich selbst gefallen. Er soll von ausgeglichener Natur sein, alles Helle und Dunkle in sich integriert haben. Mit der Sprache moderner Psychologie formuliert, wird dieser alles in sich selbst vereinende Mensch zum Archetypus des zum Ziel gelangten Individuationsprozesses à la Carl Gustav Jung. Diese heitere und gelassene Figur, vermag uns eher an eine Buddha-Statue zu erinnern. Dieses zur Ruhe gekommene, vollendet-vollkommene Abbild, hat jedoch in keiner Weise auch nur annähernde Ähnlichkeit mit dem Christus, den Paulus lehrt. Auf genau diesem Hintergrund der Streitigkeiten ist unser Predigttext zu verstehen, in dem Paulus seine Christus-Lehre, seine Christologie in folgende Kurzfassung bringt: Christus ist das „Ja" Gottes! Christus ist im Gegensatz zur Lehre der Gnosis nicht vollständig, sondern unvollständig, nicht ausgeglichen, sondern einseitig, nicht gleichgültig, sondern eindeutig. In Christus ist nicht Ja und Nein zugleich. Christus ist ausschließlich Ja und eindeutig nicht Nein, so sagt, predigt und schreibt es Paulus. Mitten in die Vereinheitlichung von Ja und Nein, von sowohl als auch, von vielleicht oder vielleicht auch nicht, von mehr oder weniger, setzt Paulus das klare, eindeutige, radikale Ja. Christus als die Verkörperung dieses deutlichen Jas. Und dieses Ja hat Konsequenzen. Aus diesem eindeutigen Ja folgt ein unzweideutiges Nein zu aller menschlichen Selbstherrlichkeit und Eigenmächtigkeit. Gerade an Weihnachten kann uns dieses Ja besonders einleuchten: Gottes Ja wird mit der Geburt Christi greifbar. Gott schenkt sich selbst. Gott gibt sich selber hin. Somit ist Weihnachten das Fest, das Gott uns bereitet, das Gott uns schenkt. Wir können uns dieses Geschenk nicht selbst zukommen lassen. Erst das Gottesgeschenk kann uns zum Weiterverschenken veranlassen. Doch vor dem Schenken steht das Empfangen eines Geschenkes, die Empfängnis. Erst durch die Menschwerdung Gottes in Christus wird Gottes Bild im Menschen wiederhergestellt. Gott sagt Ja zu uns und zu seinen Verheißungen. Das Ja Gottes gilt ohne „Wenn" und „Aber". Solch ein uneingeschränktes Ja ohne jegliches Nein kann sich nur Gott leisten. Dem Menschen ist ein derartiges Ja ohne jede Hintergründigkeit, ohne irgendeine Bedingung, kaum möglich. Nicht einmal in einer Eheschließung ist ein solches unkonditioniertes Ja gewährleistet. Immer ist und bleibt es ein „Ja, mit Gottes Hilfe!" Dieses Ja Gottes zu uns spricht uns Gott in der Taufe zu. Er hat es uns bereits zugesprochen. In der Taufe sind wir quasi Christus ein-verleibt. Paulus formuliert dieses Verständnis mit Worten aus der Rechtssprache und der Kaufmannswelt: Gott hat den Vertrag zwischen sich und dem Menschen fest geschrieben. Diesen Vertrag hat er bereits durch Anzahlung wirksam gemacht. Der Vertrag zwischen Gott und Mensch ist fest besiegelt. Die Hineingabe des Heiligen Geistes ist uns Unterpfand. Durch diesen Heiligen Geist nimmt Gott uns in Anspruch. Wir sind an Gott gebunden, rechtskräftig ihm zu eigen. Der geschlossene Bund ist unverbrüchlich und nicht mehr rückgängig zu machen. Mit diesem Bund werden wir zu einem verantwortlichen Gegenüber Gottes. In dieser Verantwortung stehen wir und sind verpflichtet zu einer eben eindeutigen Antwort. Diese Verantwortlichkeit nötigt uns das Gegenteil jeglicher

Gleichgültigkeit ab. Sie verlangt von uns Klarheit und Eindeutigkeit – Unmißverständlichkeit und Endgültigkeit. Sie fordert uns voraussetzungslose, radikale Deutlichkeit ab, ohne jede Art von Kompromiss. Auch im Umgang mit Konflikten müssen Prioritäten in aller Deutlichkeit gesetzt werden. Es ist unmöglich, allen wohlgefällig, ja unmöglich, selbstgefällig zu sein. Niemand kann es allen Recht machen. Bereits im Alten Testament ist nachzulesen, wie Gottes Verheißungen den einzelnen Menschen treffen und ihn tief in die Vereinzelung hineinführen. Diese Erfahrung des Heraus-Gerissenseins bleibt niemandem erspart, der sich auf Gottes Verheißungen einzulassen vermag. Der Preis für die Nachfolge ist teuer, der Weg ist weit. Doch die Verheißungen Gottes sind unverbrüchlich und gelten unerschütterlich. Die paulinische Schwurformel lautet: So wahr Gott treu ist. Dort, wo echtes Vertrauen auf die Treue Gottes waltet, dort ist wahrhaftig Advent. Keine Frage: wir sehnen uns nach Erfüllung und diese Sehnsucht hat ihr gutes Recht. Doch hüten wir uns vor allem, was uns die Erfüllung dieser Sehnsucht vorgaukelt. Gerade in der Vor-Weihnachtszeit werden mit dieser Sehnsucht viele Geschäfte gemacht. Doch wir, die wir dem Christus folgen, den Paulus predigt, wir leben nicht aus der Erfüllung, nicht aus der Befriedigung, nicht aus der Vollendung. Wir leben einzig und allein aus der Erwartung. Wir bleiben Menschen des Advent, erwartungsvoll Hoffende. Wir leben aus den Verheißungen Gottes, nicht aus deren Erfüllungen. Gott hat zu uns Ja gesagt. Nun ist unser Ja gefordert. Im Reden und Handeln. In aller Verantwortung vor Gott. Dieses uns abverlangte Ja zu Gott verdichtet sich im gottesdienstlichen Amen. Amen heißt übersetzt: Ja, es werde wahr! So soll es sein! Mit jedem Amen bejahen wir Gottes Verheißungen. Unser Amen ist die Antwort auf das Ja Gottes zu seiner Schöpfung. Mögen wir unser Amen zu Gottes eindeutigem Ja entschieden sprechen können. Möge aus unseren geöffneten Herzen im Advent ein klares Amen dringen.

Und der Friede Gottes, der höher ist als all unsere menschliche Vernunft, bewahre unsere Herzen und Sinne in Christus Jesus. Amen.

(5)Christnacht[10]:

Römer 1,1-7: Paulus – der Apostel der Heiden

Liebe Gemeinde!

Nun ist es soweit! Wochenlang war schon die Rede davon: Weihnachten steht vor der Tür! Wir sagen euch an den lieben Advent! In der Werbeindustrie liefen die Weihnachtsvorbereitungen eigentlich schon vor einigen Monaten an, in denen alles zu kaufen war, was einen weihnachtlichen Vorgeschmack erinnert: Schokoladennikoläuse, Lebkuchenherzen, Spekulatius, Adventskränze, Lichterdekorationen und vor allem: Geschenkartikel. Kein Wunder, dass dann vom „Weihnachtsstress" die Rede ist, wenn alles plötzlich auf Weihnachten hin eilt, und vor lauter Vorbereitungen und Erledigungen das Jahr seinem Ende entgegengeht, obwohl es doch kirchenjährlich betrachtet, mit dem Advent erst seinen Anfang nimmt. Und nun sitzen wir hier, - bzw. Sie sitzen hier, ich stehe, und die Zeit ist bereits angekommen, von der wir singen, dass sie uns eine große Freude bringt. Ist die Zeit angekommen? Sind wir angekommen? Oder ist die Zeit an uns vorbei geeilt, ohne dass eine Ankunft, eine wirkliche Advents-Zeit möglich war? Wie dem auch sei. Sie sitzen hier und haben den Heiligen Abend mit seiner Bescherung bereits hinter sich gelassen. Der Braten ist verzehrt, die Flasche gelehrt, die Geschenke ausgepackt, das Fest gefeiert und die ein oder andere Enttäuschung vielleicht schon aufgetaucht. Das war´s schon wieder? So viel Arbeit am und unter dem „O Tannenbaum", „alle Jahre wieder" in der „Stillen Nacht", in der „Heiligen Nacht", in der, wie es liturgisch heißt „Christ-Nacht", dass vor lauter

[10] (24.12.2003)

Arbeit nicht nur der Abend zu schwinden droht, sondern auch die Nacht, ohne dass „die Stille“, „das Heilige“ oder „der Christus“ uns begegnet, uns erschienen, bei uns angekommen sind? Wir sind jetzt und hier in dieser schön erleuchteten Kirche beisammen, um gemeinsam die „Christ-Nacht“ zu begehen, um sie „zu feiern“. Wir feiern die Ankunft Christi bei uns. Wir feiern Jesu Geburt, Gottes Menschwerdung. Gott ist für uns und auch in uns Mensch geworden. Möge Christus, der Gott-Mensch uns auch in uns begegnen. Möge uns das Heilige, das Heile, das Gott-Menschliche auch uns und in uns erscheinen. Möge die Stille, die Zeit und der Raum, in denen uns Gott begegnen will auch in uns ankommen. Mögen wir in der Stille ankommen, vielleicht heute in dieser Nacht. So sei es!

Nun zum Predigttext: Er steht für heute eigenartiger Weise im Römerbrief und auch, wenn ich nicht weiß, warum gerade dieser Text der Christnacht zugeordnet wurde, bzw. was dieser Brief mit unserem Weihnachtsfest gemein hat, möchte ich Ihnen den Abschnitt nicht vorenthalten und ihn einfach einmal vorlesen. Im ersten Kapitel des Römerbriefes schreibt Paulus in den Versen 1 bis 7 Folgendes an die Gemeinde in Rom:

Paulus, ein Knecht Christi Jesu, berufen zum Apostel, ausgesondert zu predigen das Evangelium Gottes, das er zuvor verheißen hat durch seine Propheten in der Heiligen Schrift, von seinem Sohn Jesus Christus, unserm Herrn, der geboren ist aus dem Geschlecht Davids nach dem Fleisch, und nach dem Geist, der heiligt, eingesetzt ist als Sohn Gottes in Kraft durch die Auferstehung von den Toten.[11]

Alles in einem Satz, ich lese sogleich den nächsten:

[11] Lutherbibel, revidierter Text 1984, durchgesehene Ausgabe, © 1999 Deutsche Bibelgesellschaft, Stuttgart.

Durch ihn [also Jesus Christus] haben wir empfangen Gnade und Apostelamt, in seinem Namen den Gehorsam des Glaubens aufzurichten unter allen Heiden, zu denen auch ihr gehört, die ihr berufen seid von Jesus Christus.[12]

Es folgt der letzte Satz:

An alle Geliebten Gottes und berufenen Heiligen in Rom: Gnade sei mit euch und Friede von Gott, unserm Vater, und dem Herrn Jesus Christus![13]

Das war´s. Ich hoffe, Sie haben dem Text, trotz meiner Unterbrechungen, folgen können. Ich selbst halte diesen Text, ehrlich gesagt, für nahezu unzumutbar, insbesondere für den Anlass einer Christnacht. An jedem anderen Sonntag vormittag hätte ich Ihnen jetzt gerne erzählt, dass Paulus in diesem Brief der Gemeinde in Rom, die er nicht einmal kennt, seinen Besuch ankündigen will, und sich mittels dieses Briefes der Gemeinde erst einmal vorstellig macht. Jedoch möchte ich Sie heute Nacht nicht langweilen mit der Auflistung der paulinischen Missionsreisen; noch mit der Aneinanderreihung seiner Briefliteratur, die er von jeweils unterschiedlichen Etappen seiner Reise an diverse Gemeinden geschickt und entsendet hat. Auch scheint es mir nicht sinnvoll zu sein, Sie in dieser Nacht durch die gesamte Theologie des Paulus zu jagen, die er eigentlich bereits im Beginn seines Römertextes innerhalb eines Satzes zusammengefasst hat. Ich beschränke mich daher auf die schlussendlichen Grüße des Paulus, die uns vielleicht teilweise schon aus Gottesdiensten bekannt sind und die auf uns, unserem Anlass gemäß, wie weihnachtliche Wünsche wirken, nämlich: Gnade sei mit euch und Friede von Gott! Wenn ich es verkürzt sagen wollte, möchte ich behaupten, dies meint nichts anderes als unser oft gebrauchtes: „Frohe Weihnachten!“ Was ist ei-

---

[12] Lutherbibel, revidierter Text 1984, durchgesehene Ausgabe, © 1999 Deutsche Bibelgesellschaft, Stuttgart.
[13] Lutherbibel, revidierter Text 1984, durchgesehene Ausgabe, © 1999 Deutsche Bibelgesellschaft, Stuttgart.

gentlich „Gnade“ und was meint „Frieden“? Im Griechischen stehen hier die Begriffe „Charis“ & „Eiraenae“.

„Charis“ meint eine Wohltat aus Wohlwollen heraus, meint das, was Wohlbehagen erzeugt und was auch zwischenmenschliches Wohlbefinden ermöglicht, jede Art von Gunstbezeugung, Liebesdienst und Gefälligkeit, alles, was gefällt, was wohl gefällt. Warum dann nicht auch wohlgemeinte Weihnachts-Geschenke, die wohlgefallen sollen, mit denen man sich erkenntlich erweisen kann, die Zuneigung bezeugen? Vielleicht dann auch, weihnachtlich betrachtet: Gott schenkt uns seine Zuneigung, indem er Mensch wird, indem er ein Kind „mitten unter uns“ wird. Ein schönes Geschenk. Ein lebendiges und von Herzen kommendes Geschenk. Ein gnädiges Geschenk. Gnade ist ein Geschenk. Wenn wirkliche Gnade mit uns sein soll, dann fehlt es uns an nichts. Doch ist die Gnade insofern ein Geschenk, als dass sie unverdient und unkäuflich und insofern auch unbestechlich ist. Wir können uns dieses Wohlbefinden nicht eilig kaufen, nicht stressig erarbeiten, nicht hart verdienen, nicht durch Tricks aneignen und auch nicht im Lotto mit der Extrazahl gewinnen. Gnade ist ein Geschenk und will uns geschenkt sein. Und zu einem Geschenk gehört nicht nur jemand, der etwas schenken will, sondern auch das Gegenüber, das bereit ist, dieses Geschenk auch entgegennehmen zu wollen. Wollen wir uns wirklich beschenken lassen? Nicht nur in dem Sinne: ich schenke dir etwas, und du schenkst mir (et)was; ich kriege von dir, weil du von mir kriegst; wenn ich dir was gebe, fordere ich aber auch von dir etwas ein. Oder: ich kann mir leisten, dir etwas zu schenken, aber ich habe es nicht nötig, mir etwas schenken zu lassen. Ich rede nicht von der Gier, alles haben zu müssen, sondern von dem Wissen darum, dass ich wirklich etwas brauche, es mit meinem ganzen Dasein begehre, etwas wirklich nötig habe und dessen bedarf. Ich muss einsehen, dass auch ich in dieser Not lebe, und die Notwendigkeit, die Wende der Not darin besteht, dass mir ein anderer dass, was nötig ist gibt, dass er es mir gnädig schenkt, dass ich es aus

Gnade annehmen kann. Diese Gnade wünscht uns Paulus – auch zu Weihnachten.
„Eiraenae“ meint als Frieden einen derartigen Zustand, aus dem Wohlstand und Segen hervorgeht. Frieden meint eine Einigkeit und Eintracht, wie wir sie uns gerade zu Weihnachten ganz besonders wünschen und ersehnen. Doch auch hier: dieser Zustand lässt sich nicht produzieren, lässt sich nicht kaufen, lässt sich nicht künstlich herstellen oder nachahmen. Wo wir krampfhaft versuchen, einen derartigen Schein-Frieden, einen Friedens-Schein vorzutäuschen oder aufrechtzuerhalten, da kommt die ganze Fadenscheinigkeit besonders ent-täuschend zum Vor-Schein. Da wird der erzwungene Heiligen-Schein zur un-erträglichen Schein-Heiligkeit, da ist der Familien-Krach am Heiligen Abend, aber auch sonst, unausweichlich vorprogrammiert. Der Frieden, den Paulus hier meint, ist hier kein säuseliger, anheimelnder Kuschel- und Streichel-Samtpfoten-, bzw. Vermeidungs-Zustand. Es ist auch keine zum Heiligen Abend verordnete Waffenpause im Kalten Krieg, der anschließend in um so heißeren und gnaden-loseren Gefechten weitergeführt werden muss. Es ist ein vielleicht sogar nächtlicher Zustand der Stille, in dem sich Gnade ereignen darf, in dem Gottes-Begegnungen - des Nachts im Traum, Engel-Begegnungen - des Nachts auf dem Felde, Christus-Begegnungen - des Nachts im Gebet, im Fasten und Wachen geschehen dürfen und zugelassen werden. Ich jedenfalls wünsche uns eine Frohe Weihe-Nacht, eine Nacht - und auch einen Tag - der Gnade und des Friedens, der Gott-Menschlichkeit und der lichten und erhellenden Begegnung. Ein Fest des Lichtes mitten in der Dunkelheit, einen wegweisenden Stern mitten in der dunklen, aber auch klaren Nacht!

So schließe ich im Sinne und mit den Worten des Paulus: „Gnade sei mit euch und Friede von Gott, unserm Vater, und dem Herrn Jesus Christus!“ Amen!

(6)Christnacht[14]:

Jesaja 7,10-14: Das Zeichen des Immanuel

Und der HERR redete abermals zu Ahas und sprach: Fordere dir ein Zeichen vom HERRN, deinem Gott, es sei drunten in der Tiefe oder droben in der Höhe! Aber Ahas sprach: Ich will's nicht fordern, damit ich den HERRN nicht versuche. Da sprach Jesaja: Wohlan, so hört, ihr vom Hause David: Ist's euch zu wenig, dass ihr Menschen müde macht? Müsst ihr auch meinen Gott müde machen? Darum wird euch der HERR selbst ein Zeichen geben: Siehe, eine Jungfrau ist schwanger und wird einen Sohn gebären, den wird sie nennen Immanuel.[15]

Gnade sei mit uns und Friede von Gott unserm Vater und unserm Herrn Jesus Christus. Amen.

Liebe Gemeinde.

Der heutige Predigttext (aus Jesaja 7, Verse 10 bis 14) hat auf den ersten Blick nichts Weihnachtliches für uns zu bieten. Das einzige, was wir in unserer Weihnachtsstimmung dem Text entnehmen können, ist das Zeichen des Herrn, die Jungfrau, die schwanger ist und einen Sohn gebären soll, den sie dann Immanuel nennen wird, „Gott mit uns". Doch nicht zu voreilig dürfen wir sein, den Text auf diese Weihnachtsbotschaft zu reduzieren, an die Empfängnis Mariens zu denken, an die jungfräuliche Geburt Jesu, den „Gott mit uns". Von Maria [und Josef] und dem kleinen Jesuskind ist nicht direkt die Rede. Wir müssen den Text genauer betrachten, um zu erkennen, was er für uns bereithält. Es geht um eine Zeichenforderung. Gott, der Herr, spricht zu

[14] (24.12.2005)

[15] Lutherbibel, revidierter Text 1984, durchgesehene Ausgabe, © 1999 Deutsche Bibelgesellschaft, Stuttgart.

Ahas und fordert ihn auf, ein Zeichen von Gott zu fordern. Dem Bereich, dem das Zeichen entspringen soll, sind keine Grenzen gesetzt, sei es drunten in der Tiefe oder droben in der Höhe. Doch Ahas entgegnet, kein Zeichen fordern zu wollen, um Gott, den Herrn nicht zu versuchen. Wer versucht hier eigentlich wen? Versucht Gott den Ahas, indem er von ihm verlangt, ein Zeichen zu fordern? Oder versucht Ahas Gott, indem er von ihm ein Zeichen verlangte? Ahas jedenfalls will Gott den Herrn nicht versuchen und lehnt daher die Zeichenforderung schlechterdings ab. Tapfer, könnte man meinen. Da widersteht jemand der Versuchung Gottes, ein Zeichen zu fordern. Doch Jesaja reagiert auf diese Ablehnung der Zeichenforderung gar nicht erfreut. „Ist's euch zu wenig, dass ihr Menschen müde macht? Müsst ihr auch meinen Gott müde machen?" Anders übersetzt lautet die Reaktion: „Reicht es euch nicht, die Menschen schwach zu machen, müsst ihr nun auch meinen Gott für schwach halten?" Jesaja deutet die Verneinung der Zeichenforderung als Absage an die Stärke Gottes. Das Angebot, das Gott dem Ahas machen wollte, lehnt dieser mit vorgeschobenen wohlklingenden Gründen ab. Ahas glaubt nicht an Gott. Darum wird Gott von sich aus ein Zeichen geben. Eben jene junge, schwangere Frau, die einen Sohn gebiert, und ihm den Namen geben wird: Immanuel: Gott mit uns. Wer ist oder war nun eigentlich dieser Ahas, dem Gott erlaubt, ein göttliches Zeichen, gleich welcher Art und Herkunft, zu fordern?

Der Ahas, von dem in unserem Text die Rede ist, ist ein König aus dem achten vorchristlichen Jahrhundert. Er ist König vom Südreich Juda und ist genau einer von den Königen, von denen die Bibel sagt: „Und er tat nicht, was dem Herrn, seinem Gott wohlgefiel." Sein Name bedeutet übersetzt „Er hielt fest". (Im Gegensatz zu dem Namen Ahasja, „Jahwe hält fest".) Er hielt nämlich fest an seinen Vorstellungen von Machtpolitik und militärischen Bündnisplänen. Und genau aufgrund dieser seiner Vorstellungen gerät er in panische Angst, als er hört, in welche verworrene politische Sachlage er geraten ist. In der Bibel heißt es: „Da bebte ihm das Herz und das Herz seines Volks, wie die Bäume im Walde beben vom Winde." Herzrasen bekommt er mitsamt seinem Volk, als er erfährt, in welcher ausweglosen Situation er sich befindet. Folgendes hat sich nämlich um ihn herum ereignet: Das Großreich Assur / Assyrien ist dabei, alle umliegenden Länder zu unterwerfen. Im Gegensatz dazu versuchen nun Israel und Aram / Syrien verzweifelt, alle Nachbarländer zu einem Bündnis gegen Assur zusammenzuschließen. Doch Ahas weigert sich, mit seinem Reich Juda, diesem Bündnis beizutreten. „Ahas hält fest" [an seiner Politik]. Damit wird er zum Auslöser des „Syrisch-Ephraimitischen Krieges" im Jahre 733 vor Christus. Syrien und Ephraim, nämlich Aram und das Nordreich Israel, greifen Juda an, um Ahas abzusetzen und durch einen eigenen Mann auszutauschen. Nun planen Rezin, der König von Aram / Syrien und Pekach, der König von Israel / Ephraim, nach Jerusalem, der Hauptstadt Judas, vorzudringen, um es kriegerisch zu unterwerfen. Und Ahas hat Angst. Nun ist er auf dem Weg, die Befestigungswerke der Stadt zu überprüfen und Verteidigungsmaßnahmen zu ergreifen. In diese Situation hinein wird Jesaja geschickt, der eben erst von Gott zum Propheten berufen wurde. Der Name Jesaja heißt übersetzt „Jahwe hat Heil geschenkt". Und so besteht sein erster Auftrag darin, Ahas zu besänftigen und dessen rasendes Herz zu beruhigen. Jesaja soll Ahas entgegengehen und ihm sagen: „Hüte dich und bleibe still; fürchte dich nicht, und dein Herz sei unverzagt." Jesaja wird gesandt, um die brisant-bedrohliche Situation zu entschärfen. Der Prophet Jesaja erklärt dem König die Sachlage und die Deutung Gottes. Er vergleicht Rezin und Pekach, die Könige von Syrien und Israel, mit zwei Brandscheiten, die nur noch rauchen vor Zorn. Gott der Herr spricht: Es soll nicht geschehen und nicht so gehen, wie es Syrien und Israel geplant haben. Rezin, der König von Syrien, wird als solcher nur das Haupt der Hauptstadt Damaskus bleiben und Pekach, der König von Israel, wird nur das Haupt der Hauptstadt Samaria sein. Jesaja beendet seine Rede mit den zentralen Worten: Glaubt ihr nicht, so bleibt ihr nicht. Das heißt: Jesaja bietet dem Machtpolitiker Ahas eine neue Sichtweise an. Jesaja mutet dem Ahas eine neues Verständnis zu:

Dessen Weltanschauung soll nicht länger darin bestehen, sich von rauchenden Holzscheiten beeindrucken zu lassen. Er soll nicht länger Herzzittern bekommen, weil ihn die Nachbarkönige von seinem Thron stürzen wollen. Nein, in all der Gemenge-Lage soll sein Herz ruhig und fest bleiben, einzig und allein im Vertrauen auf Gott, im Glauben an Gott.

Jesaja bleibt aber nicht bei dem Angebot stehen. Er geht einen entscheidenden Schritt weiter. Er zeigt dem Ahas den einzigen Ausweg aus dessen Notlage: Glaubt ihr nicht, so bleibt ihr nicht. Das heißt: Entscheidet euch. Entweder: Ihr glaubt an Gott, oder aber: Ihr seid hoffnungslos verloren. Auf diesem Hintergrund ist auch die Zeichenforderung Gottes zu verstehen: Fordere dir ein Zeichen vom Herrn, deinem Gott, es sei drunten in der Tiefe oder droben in der Höhe. Genau auf diesem Hintergrund ist nun auch zu erkennen, inwiefern die Ablehnung der Zeichenforderung keine edle Geste des tapferen Ahas ist, sondern eine eindeutige Ablehnung an das Angebot des Gottesglaubens. Ahas lehnt nicht nur das Zeichen ab, das er einfordern durfte und sollte, er lehnt damit Gott selber ab und das Angebot, im Glauben zu bleiben. Ahas hält fest: an seiner Sichtweise, an seinem Unglauben, an seiner Machtpolitik, an seinen militärischen Sicherheitsvorkehrungen. Diese politische Haltung hat sich über knapp drei Jahrtausende zäh durchgehalten. Ahas, derjenige der festhält, der zäh festhält, an Macht- und Sicherheitsdenken, an politischer Selbstbehauptung und militärischem Eroberungsdenken. Das kennen wir heute nur allzu gut aus den alltäglichen Nachrichtensendungen. Daran hat sich bis heute kaum etwas bis gar nichts geändert. Hingegen fehlt es nach wie vor immer wieder an Propheten, wie Jesaja einer war. Ein von Gott berufener Mann, der Königen entgegeneilt, um sie zur Besinnung zu führen, indem er verworrene Situationen entwirrt und klärt. Wie klar ist die Sprache: „Hüte dich und bleibe still; fürchte dich nicht und dein Herz sei unverzagt vor diesen beiden Brandscheiten, die nur noch rauchen.“ Wie nötig, ja fast, wie weihnachtlich, wirkt eine solche Botschaft mitten hinein in die tagtägliche Rede von der „Anti-Terror-Bekämpfung“, von „Aufrüstung der Kriegsmaschinerie“ im „Kampf gegen das Böse“, alles angeblich im Dienst für den Frieden der Welt. Die Unsinnigkeit solcher Behauptungen hat Jesaja bereits vor knapp dreitausend Jahren erkannt. Darum vermag er auch einen Ausweg aus der ewigen Verstrickung aufzuzeigen:

Dem machtversessenen Ahas entgegen entwirft Jesaja das Bild einer wirklich friedfertigen Persönlichkeit. Eine junge Frau, die inmitten aller politischen Verworrenheiten, schwanger ist, dieses ihr Kind austrägt und gebiert. Wer schwanger ist, der ist, so sagt man „in guter Hoffnung“. Die Schwangerschaft als Zeichen für Hoffen, Sehnen und Erwarten. Die schwangere Frau trägt ein Kind unter dem Herzen. Und dieses Kind ist nicht irgendein Kind. Es soll von seiner Mutter den Namen „Immanuel“ erhalten. Der Name Immanuel bedeutet, ich erwähnte es bereits mehrfach, „Gott ist mit uns“. Wer sein Kind inmitten von Krisenzeiten unter dem Herzen zu tragen vermag, um es dann, nach der Geburt „Mit uns ist Gott“ zu nennen, der ist wohl wirklich ein Inbegriff, ja, ein Zeichen, dafür, wie wahrer Glauben aussehen kann. „Mit uns ist Gott“. Ein Name, ein Zeichen, eine Aussage voller Vertrauen und Zuversicht. „Mit uns ist Gott“. Diese Botschaft lässt uns, wenn wir sie wirklich verinnerlichen, wie die Frau ihr Kind wahrhaftig in sich tragen und heranwachsen lassen konnte, unser Herz unverzagt sein. Das, was Jesaja, dem König Ahas zu sagen hatte: „Hüte dich und bleibe still; fürchte dich nicht, und dein Herz sei unverzagt.“ Dies erfüllt sich in dem Zeichen, das Ahas sich nicht einzufordern vermochte: „Hüte dich und bleibe still; fürchte dich nicht und dein Herz sei unverzagt.“ „Mit uns ist Gott“. Leider hat die Menschheit vermocht, sogar diesen herzensfestigenden Namen zu mißbrauchen. Aus dem Satz wurde ein kriegstreiberischer, nationalistischer Slogan, eine Hetzpropaganda, im Sinne von: Gott ist mit uns, mit uns und gegen unsere Gegner. Wie Luther es so schön sagte: Immanuel bedeutet nicht: wir mit Gott, sondern genau umgekehrt: Gott mit uns. Das Versäumnis des Ahas war, Gott für schwach gehalten zu haben. Er vertraute lieber auf seine Rüstungspolitik. Für ihn hatten Gott und Welt nichts miteinander zu tun, und so sollte es auch bleiben. Doch

Jesaja sagt ihm auf den Kopf zu: Glaubt ihr nicht, so bleibt ihr nicht. Lasst ihr den Glauben nicht in euer Leben, in euer Herz hinein, so ist es aus mit euch. Somit hat Jesaja dem Ahas quasi die Weihnachtsbotschaft verkündet: Lasst den Knaben Immanuel in die Welt hineinkommen. Lasst eine junge Frau eben diesen Knaben gebären und in die Welt hineintragen. Lasst dieser schwangeren Frau ihre Leibesfrucht, ihr Gottvertrauen, ihre Glaubenskraft. „Mit uns ist Gott". Und dies ganz weihnachtlich. Gott kommt in die Welt. Er lässt sich nicht von Machtpolitikern in ferne Himmelsphären zurückdrängen. Sind diese schon nicht in der Lage, ein göttliches Zeichen zu fordern, so schickt Gott selbst sein eigenes Zeichen. Mitten in diese, unsere Welt hinein, hinein in unsere verworrene Realität. Scheinbar klein und winzig, schwächlich und hilflos, ohnmächtig und ausgeliefert. Dennoch wachsend und heranreifend, erstarkend und voller Zuversicht. „Gott ist mit uns – mit uns ist Gott." Auch – und ganz besonders an diesem heutigen „Heiligen Abend" und zur Weihnachtszeit, in der sich Himmel und Erde begegnen wollen.

Und der Friede Gottes, der höher ist als all unsere menschliche Vernunft, bewahre unsere Herzen und Sinne in Christus Jesus. Amen.

(7)Zweiter Weihnachtstag[16]:

Hebräer 1,1-4: Christus – höher als die Engel

Liebe Gemeinde!

Der Predigttext für den heutigen 2. Weihnachtstag steht in den ersten 4 Versen des Hebräerbriefes. Ich lese Ihnen den Text einfach einmal vor:

[16] (26.12.2003)

Nachdem Gott vorzeiten vielfach und auf vielerlei Weise geredet hat zu den Vätern durch die Propheten, hat er in diesen letzten Tagen zu uns geredet durch den Sohn, den er eingesetzt hat zum Erben über alles, durch den er auch die Welt gemacht hat. Er ist der Abglanz seiner Herrlichkeit und das Ebenbild seines Wesens und trägt alle Dinge mit seinem kräftigen Wort und hat vollbracht die Reinigung von den Sünden und hat sich gesetzt zur Rechten der Majestät in der Höhe und ist so viel höher geworden als die Engel, wie der Name, den er ererbt hat, höher ist als ihr Name.[17]

Der Text ist derartig überfrachtet mit theologischen Aussagen über Gott und seinen Sohn, sodass ich mich auf einige Punkte beschränken möchte, die ich einzeln herausgreife und bespreche:
1.) Zuerst: Gott hat gesprochen und spricht auch weiterhin! In der Vergangenheit hat er zu den Vätern, zu den Vorfahren geredet; in der Gegenwart spricht er zu den gegenwärtig Lebenden. Vorzeiten hat er durch die Propheten geredet; in den letzten Tagen spricht er durch seinen Sohn. Damals hat er vielfach und auf vielerlei Weise geredet; nun spricht er sein einfaches und kräftiges Wort. Doch unabhängig von Zeit, Mittlerschaft und Vielfältigkeit: Eines bleibt gewiss und unumstößlich: Gottes Wort! Seine Rede!
Ähnlich, wie es in der Jahreslosung für das Jahr 2004 heißen wird (Markus 13,31):

Jesus Christus spricht: Himmel und Erde werden vergehen; meine Worte aber werden nicht vergehen.[18]

Durch sein Wort kommt Gott auf uns zu, kommt er uns entgegen. Egal, ob er sich uns durch Vorfahren, Propheten oder Schrift nähert, in seinem Wort will

[17] Lutherbibel, revidierter Text 1984, durchgesehene Ausgabe, © 1999 Deutsche Bibelgesellschaft, Stuttgart.
[18] Lutherbibel, revidierter Text 1984, durchgesehene Ausgabe, © 1999 Deutsche Bibelgesellschaft, Stuttgart.

Gott uns selbst begegnen. Er ist selber auf dem Weg zu uns. Auch und gerade an Weihnachten. Auch und gerade, wenn wir müde sind und gar nichts mehr erwarten. Auch jetzt und hier!

2.) Als Zweites: Der Sohn ist der Vermittler Gottes. Durch ihn vernehmen wir Gottes Wort, in ihm begegnet uns Gott selbst. Gottes eigenes Handeln kommt zu uns, auch und insbesondere in unsere Finsternis hinein. Ganz weihnachtlich wie ein Stern in der Nacht, wie ein Licht in der Dunkelheit. Ohne Vermittlung sind wir gleichsam auch ohne Mitte und ohne Halt. Wer seine Mitte verloren hat, der leidet auch unter Beziehungs-, Orientierungs- und Hoffnungs-Losigkeit. Der lebt, ähnlich wie die Adressaten des Hebräerbriefes, in Isolation, Müdigkeit und Angst. Dieses Phänomen scheint genau so alt zu sein, wie es aktuell ist. Auch wir kennen gesellschafts-politische Erscheinungen wie Vermittlungs- und Arbeits-Losigkeit, Bezugs- und Wert(e)-Losigkeit, Perspektiv- und Ziel-Losigkeiten. Resignation, Trägheit und Götzendienst, eben diese Phänomene, die alle das Gleiche bedeuten, nämlich Gott-Losigkeit, mahnt der Verfasser des Hebräerbriefes an. Doch er bleibt nicht bei der Mahnung stehen. Er gibt einen Hinweis auf das Wiederfinden des anscheinend Unfindbaren, Verlorenen, Verlustig-Gegangenen: Gott ist in seinem Sohn auffindbar.

Im Griechischen sind mir dazu zwei Worte direkt ins Auge gesprungen: Einmal „Charaktaer“, das andere Mal „Hypòstasis“. Im Urtext steht, der Sohn sei der „Charakter der Hypostasis“ Gottes. Das klingt kompliziert. Was meint das wohl? Ich versuche, den beiden Begriffen etwas nachzugehen:

a) „Charaktaer“ kann vieles bedeuten: Sowohl Kerbung, Ritzung, Schnitzung, als auch Schärfung und Schreibung können gemeint sein. Es kann auch der Schriftzug oder die jeweilige Stilart meinen. Auch gibt es eine Verwandtschaft mit dem, was wir unter dem Wort „Charakter“ verstehen: Charakter im Sinne von Eigenart oder Eigentümlichkeit.

b) „Hypostasis“ ist ein noch vielschichtigeres Wort: Es kann sowohl Ursprung und Grundlage bedeuten, als auch Wesen, Substanz, Realisierung oder

Wirklichkeit. Übertragen steht es sogar für Hoffnung und Zuversicht . Was meint nun der Verfasser, wenn er behauptet, der Sohn sei „Charakter der Hypostasis“ Gottes? Ist der Sohn dann ein Schriftzug der Realisierung Gottes? Eine Schreibart von Gottes Zuversicht? Eine Einkerbung der Hoffnung Gottes? In der Luther-Übersetzung heißt es (Hebräer 1,3a):

Er [der Sohn] ist der Abglanz seiner Herrlichkeit [der Herrlichkeit Gottes] und das Ebenbild seines Wesens [des Wesens Gottes] [...] .[19]

In der Einheitsübersetzung heißt es (Hebräer 1,3a):

Er ist der Abglanz seiner Herrlichkeit und das Abbild seines [also Gottes] Wesens;[20]

In der Guten Nachricht wird übersetzt (Hebräer 1,3a):

In dem Sohn Gottes leuchtet die Herrlichkeit Gottes auf, denn er entspricht dem Wesen Gottes vollkommen.[21]

Beim Nachstöbern fiel mir das Bild eines „Prägestocks“ in die Hände: Wie ein Prägestock bzw. ein Prägestempel eine Münze prägt, so ist der Sohn geprägt von Gott. So, wie an einer Münze das Urbild abgelesen werden kann, so kann am Sohn Gottes Gott selbst erkannt werden. Somit ist der Sohn ein „Abdruck der Wirklichkeit Gottes“, ein Abbild oder Ebenbild des Urbildes Gottes. Etwas salopp und anstößig formuliert: Der Sohn ist ein Charakter Gottes. Als solches vermittelt er uns Gott.

---

[19] Lutherbibel, revidierter Text 1984, durchgesehene Ausgabe, © 1999 Deutsche Bibelgesellschaft, Stuttgart.
[20] Einheitsübersetzung der Heiligen Schrift
© 1980 Katholische Bibelanstalt, Stuttgart.
[21] Die Bibel im heutigen Deutsch (Gute Nachricht), © 1982 Deutsche Bibelgesellschaft, Stuttgart.

Doch wie steht es eigentlich mit der Aktualität des Textes für uns, die wir jetzt, am Ende des Jahres 2003 hier, in der Gemeinde in D. leben? Für uns ist nicht nur die Zeit, in der Gott „vorzeiten" durch die Propheten zu den Vätern redete, eine vergangene. Für uns gehört auch die Zeit, in der Gott „in diesen letzten Tagen" zu uns geredet hat durch den Sohn, historisch gesehen zur fast 2000 Jahre alten Vergangenheit. Wie also redet Gott heute zu uns? Wie spricht er uns an? Etwa, nachpfingstlich und trinitarisch betrachtet, durch den Heiligen Geist? Oder ist unser heutiger Vermittler eine Vermittlerin?
Ich lasse die Fragen und Denkanstöße (vorerst einmal) offen und auf sich beruhen und komme 3.) nun zum dritten und letzten Punkt, den ich bewußt etwas provokativ zuspitzen möchte: Auch wir sind Charaktere Gottes! Auch wir sind gott-ebenbildlich geschaffen und gemeint. Somit sind auch wir Abbilder des Urbildes, Geprägte des Prägenden, jeweilige Abdrücke der Wirklichkeit. Vielfach und auf vielerlei Weise, (pluralistisch-) vielfältig. Auch wir sind zur Gottes-Beziehung aufgerufen und ermahnt - wie die Leser des Hebräerbriefes bzw. die Hörer der Hebräer-Predigt. Auch in uns schlummert ein Christus-Kind, wie wir es anschaulich in nahezu jeder Weihnachts-Dekoration sinnbildlich und augenscheinlich in der Krippe vor uns liegen haben. Ein kleines Kind, einen Säugling, ein winziges Neugeborenes, ein noch sprachlos Schreiendes, ein in der Krippe liegendes „Christkind", das seinen Lebens-Lauf noch vor sich bzw. bereits in sich hat, bis hin zum Kreuz und darüber hinaus zur Auferstehung. Ein Kind, das vielleicht erst noch zur Welt kommen möchte in uns, zur Geltung kommen will, zur Anbetung der Hirten, ja, sogar der Könige, und wie es in unserem Text heißt, sogar der Engel gelangen muss. Auch wir sind, als Menschen- und Gottes-Kinder, Töchter und Söhne, geliebte Kinder Gottes, die, gemeinsam mit dem Gottessohn, der in unserem Text namenlos bleibt, zum Erbe Gottes eingesetzt. Auch wir haben die Aufgabe, unserer Prägung und Charakter gemäß, den Glanz Gottes in der Welt zum Vorschein zu bringen ähnlich, wie der Mond den Abglanz der Sonne auf die Erde „wirft". Auch wir dürfen anderen zu einem Hoffnungsschimmer werden, ein „weih-

nachtlicher“ Stern in der Dunkelheit, ein Licht in der Finsternis sein. So, wie die Hirten ganz nah am Christus-Geschehen waren, sich die Könige hingegen auf eine weite Reise begeben mussten, um „den neugeborenen König“ zu finden und anzubeten, müssen auch wir uns auf den Weg machen, den Sternen in der Dunkelheit folgend, das wirkliche „Christ-Kind“ ent-decken, um es reich zu beschenken. Auch unser Leben ist eine Entdeckungs-Reise und ein Abenteuer der Entfaltung des Christus-Kindes in uns, bzw. der Gott-Ebenbildlichkeit und somit Gottes in uns und den Gottes-Kindern um uns herum. Auch wir sind zu sorgfältigerem Umgang mit uns und den verletzbaren, empfindlichen, sensiblen Christus-Kindern in uns und unseren Schwestern und Brüdern in Christus aufgefordert, ja, sogar ermahnt und verpflichtet! Ich bitte Sie nun, das „weihnachtliche Christkind“ zu begrüßen, in Ihnen selbst und im Nächsten, Ihrem jeweiligen Sitz-Nachbarn zum Beispiel, jeweils auf ihre eigene Art, ihrem Charakter entsprechend. ...

Bevor wir nun gemeinsam das nächste Lied singen und im Anschluss miteinander das Abendmahl feiern, schließe ich diese Predigt mit: Amen!

(8) Zweiter Weihnachtstag[22]: Johannes 8,12-16: Jesu Selbstzeugnis

Liebe Gemeinde!

In unserem heutigen Predigttext - zum zweiten Christfest - geht es um eine Auseinandersetzung zwischen Jesus und den Pharisäern. Zuvor haben die Schriftgelehrten und Pharisäer eine Ehebrecherin zu Jesus gebracht, um Jesus in Versuchung zu führen und ihn zu verklagen. Sie wollen „eine solche Frau“ nach dem Gesetz des Mose steinigen und nun Jesus zu einer Stel-

[22] (26.12.2004)

lungnahme vor allem Volk nötigen. Jesus weiß, was man mit ihm vorhat und löst die Anspannung auf, indem er den bekannten Satz ausspricht (Johannes 8,7b):

Wer unter euch ohne Sünde ist, der werfe den ersten Stein auf sie.[23]

Niemand wagt sich daraufhin, einen Stein zu werfen und die Frau zu verdammen. Jesus schickt sie fort mit der Aufforderung, nicht mehr zu sündigen. Im Anschluss daran ereignet sich unser Dialog. Ich lese den Text – er steht bei Johannes, Kapitel 8, die Verse 12 bis 16 – einmal im Zusammenhang vor:

Da redete Jesus abermals zu ihnen und sprach: Ich bin das Licht der Welt. Wer mir nachfolgt, der wird nicht wandeln in der Finsternis, sondern wird das Licht des Lebens haben. Da sprachen die Pharisäer zu ihm: Du gibst Zeugnis von dir selbst; dein Zeugnis ist nicht wahr. Jesus antwortete und sprach zu ihnen: Auch wenn ich von mir selbst zeuge, ist mein Zeugnis wahr; denn ich weiß, woher ich gekommen bin und wohin ich gehe; ihr aber wisst nicht, woher ich komme oder wohin ich gehe. Ihr richtet nach dem Fleisch, ich richte niemand. Wenn ich aber richte, so ist mein Richten gerecht; denn ich bin's nicht allein, sondern ich und der Vater, der mich gesandt hat.[24]

Der Text hat es, trotz seiner Kürze, in sich. Es ist finde schwierig, ihn auf ein Thema zu reduzieren: Es geht um Licht und Finsternis, um Nachfolge und Lebens-Wandel, um Selbst-Zeugnis und Wahrhaftigkeit, um Wissen, Gehen und Gesandt-Sein und – um Richten. Gerade im Zusammenhang mit dem Text von der Ehebrecherin und der Absicht der Pharisäer zur Verurteilung – zur Verurteilung erstens der Frau nach dem Gesetz und zweitens zur Verur-

[23] Lutherbibel, revidierter Text 1984, durchgesehene Ausgabe, © 1999 Deutsche Bibelgesellschaft, Stuttgart.
[24] Lutherbibel, revidierter Text 1984, durchgesehene Ausgabe, © 1999 Deutsche Bibelgesellschaft, Stuttgart.

teilung Jesu – meine ich, dass in unserem Text der Schwerpunkt auf dem Thema des „Richtens“ liegt und sich alle weiteren Themen des Textes um dieses Zentralthema herum anordnen lassen.
Wie verhält es sich mit dem Richten? Jeder von uns hat so seine (oder ihre) Vorstellung, wie gewisse Dinge abzulaufen haben, wie sie ihre „Richtigkeit“ haben. So ist es „richtig“, so gehört es sich, so muss es sein. Und da wir so genau wissen, was und wie es „richtig“ ist, wissen wir selbstverständlich auch, was nicht richtig ist, was falsch ist, was sich nicht gehört. Manchen gelingt es sogar, sich mit anderen darüber zu verständigen, was nun richtig und was falsch ist und wer sich - nach diesen „Richt-Linien“ - , daneben benimmt und folglich „zu Recht gewiesen“ werden muss. Die Vertreter dieser „Recht-Haber“ und „Besserwisser“ in der eben erzählten Geschichte, sind die Pharisäer. Sie kennen das Gesetz des Mose, haben es schwarz auf weiß vorliegen, und können sich somit buchstäblich daran fest-halten und es anderen vor-halten. Jesus hingegen steht für ein anderes Vorgehen. In unserem Text formuliert er es selber so: „Ihr richtet nach dem Fleisch!“ Damit meint er: „Ihr richtet oberflächlich, ihr richtet nach Augenschein. Ihr seht nicht richtig hin und richtet damit falsch. Euer Richten an sich ist verkehrt!“ Wenn die, die es sich zur Aufgabe machen, „Recht zu sprechen“, nicht „richtig liegen“, führt die „Rechtsprechung“ zwangsläufig in die Irre. Jesus äußert sich weiterhin: „Ich richte niemand!“ Wer „Recht zu sprechen“ sich anmaßt, der erhebt sich damit über die, die er „richtet“. Der erniedrigt damit auch den, den er „berichtigen“ möchte. Deshalb ist „Richten“ so ein heikles Thema. Ein „Gerichts-Urteil“ bleibt nicht folgenlos und die „Hinrichtung“ endet tödlich. Somit hat Jesus sich entschlossen, niemanden zu richten / zu verurteilen / zu verdammen. Eine Einschränkung folgt, indem Jesus sagt: „Wenn ich aber richte, so ist mein Richten gerecht.“ Damit korrigiert er die „Gerichts-Vorstellung“ in die „richtige Richtung“, „gerichtet“ auf „Gerechtigkeit“. Diese, scheinbar anmaßende Aussage begründet er, indem er sagt: „Denn ich bin´s nicht allein, sondern ich und der Vater, der mich gesandt hat.“ Er setzt sich in Bezug zu und Zusam-

menhang mit Gott, erklärt seine Gemeinschaft zu Gott, die sogar verwandtschaftlicher Beziehung ist, und erklärt gleichzeitig seine Abhängigkeit von Gott, indem er sich dazu bekennt, von Gott gesandt worden zu sein." Diese Aussage muss in den Ohren der Pharisäer wie Gotteslästerung klingen: Jemand, der nicht einmal Schriftgelehrter ist, erklärt sich zum Sohne Gottes! Wir wissen, wie die Geschichte endet, welche Folgen sie hatte: Jesus wird für seinen Hochverrat „verurteilt / gerichtet", sogar „hin-gerichtet" am Kreuz. Soweit zur Auseinandersetzung Jesu mit den Pharisäern zum Thema des Richtens. Es gibt noch weitere Streitpunkte zwischen Jesus und den Pharisäern. Ebenso bezichtigen sie ihn der Falschaussage, des „unrichtigen" Zeugnisses, indem sie zu ihm sagen: „Du gibst Zeugnis von dir selbst; dein Zeugnis ist nicht wahr!" Sie kennen nur das Gesetz der Zeugenaussage zweier Augenzeugen über einen augenscheinlichen Tatbestand und die darauf zu erfolgende Verurteilung. Keineswegs aber sind sie vertraut mit der Zumutung eines „Selbst-Zeugnisses". Doch Jesus versucht ihnen den Blick zu öffnen resp. den Blickwinkel zu weiten, indem er argumentiert, dass eine Selbstaussage nicht zwangsläufig unwahr sein muss. Er sagt: „Auch wenn ich von mir selbst zeuge, ist mein Zeugnis wahr." Und er begründet diese Behauptung mit einer Aussage, die wiederum dazu geeignet ist, die Pharisäer zu schockieren. Er sagt: „Denn ich weiß, woher ich gekommen bin und wohin ich gehe; ihr aber wisst nicht, woher ich komme oder wohin ich gehe." Er stellt die Pharisäer vor dem Volk als solche dar, die trotz ihrer augenscheinlichen „Besserwisserei" solche sind, die „nicht wissen", wohingegen Jesus derjenige ist, der „weiß". Jesus kennt Herkunft und Ziel seines Weges, weiß von seiner Gesandtschaft durch Gott und von der „Richtigkeit" und Wahrhaftigkeit seines Zeugnisses. Und dieses Zeugnis lautet schlichtweg und voller Fülle: „Ich bin das Licht des Lebens!" Mit dieser einfachen Aussage erreicht er die Ohren des Volkes und irritiert die Pharisäer und Schriftgelehrten in ihrem „Urteils-Vermögen". Er setzt noch einen drauf, indem er spricht: „Wer mir nachfolgt, der wird nicht wandeln in Finsternis, sondern wird das Licht des

Lebens haben." Hier wird, meiner Meinung nach, klar, dass es Jesus nicht um die kleinen „Richtigkeiten" und „Besserwissereien" des Lebens geht, dass er die Urteilssprüche und „Recht-Habereien" als ein Tappen im Dunkeln entlarvt, die nicht zum Leben führen, sondern immer tiefer hinein in die Finsternis. Demgegenüber hat er eine Verheißung, die jedem, der ihm folgt, einen „lichten / leichten", „hell-lichten / heiligen" Lebenswandel verheißt, ein Leben, das ins „Licht" und in die „Leichtigkeit" führt. Wer nicht mehr „Recht haben" muss, der lebt leichter und unbeschwerter, - der muss sich das Leben nicht mehr unnötig schwer machen und sich beschweren. Wer sich beschwert, über andere, über die Welt, der beschwert eben sich selbst, - der bedrückt sich, der ist bedrückt, niedergeschlagen, der ist in der Dunkelheit. In dieser dunkel-kalten winterlichen Jahreszeit können wir besonders gut nachvollziehen, wie wichtig - ja lebensnotwendig - das Licht ist. Wo Licht ist, weicht die Dunkelheit. Das Licht bringt Helligkeit ins Dunkel und Wärme in die Kälte. Licht erhellt und erwärmt unsre Herzen. Somit feiern wir heute das Fest des Lichtes, das - in Christus – mitten in der dunklen Nacht / in der Weihe-Nacht in die Dunkelheit hereingebrochen ist. So, wie wir es eben gesungen haben im Wochenlied: „Das ewige Licht geht da herein. Es gibt der Welt einen neuen Schein. Es leuchtet mitten in der Nacht. Zu den Kindern des Lichtes es uns macht." Wir feiern das Fest des Lichts und dürfen uns mit dem Gnadenzuspruch zusprechen lassen: „Wir brauchen uns nicht im Zwielicht zu verbergen. Wir dürfen das Licht des Lebens spüren." Wir feiern das Fest des Lichts und dürfen dem Evangelium Gehör schenken, wenn es heißt: „Das Leben war das Licht der Menschen. Das Licht scheint in der Finsternis." Wir feiern das Fest des Lichts und dürfen uns den Segen spenden lassen, der da lautet: „Der Herr lasse sein Angesicht leuchten über dir und sei dir gnädig." Gott, der es vermag, das Verborgene „ans Licht zu bringen", der mache, dass uns „ein Licht aufgehe" - im Herzen – und dass es uns erleuchte!

Und der Friede Gottes, der höher ist als all unsere Vernunft, der bewahre unsre Herzen und Sinne in Christus Jesus. Amen.

(9)Sonntag nach dem Christfest[25]: Jesaja 49,13-16: Gottes Trost für Zion

Liebe Gemeinde!

Wir singen zwar noch Weihnachtslieder, doch Weihnachten ist schon vorbei. Wir nähern uns dem nächsten und letzten Höhepunkt des Jahres: Silvester. Wahrscheinlich hat jeder von Ihnen bereits mehr oder weniger genau geplant, wo er morgen abend mit wem den Jahreswechsel verbringen wird. Diese letzten Tage des Jahres, wohlgemerkt des Kalenderjahres, (denn das Kirchenjahr hat ja gerade erst seinen Anfang genommen,) stehen oftmals noch einmal unter dem Motto: Jahres - Rückblick. Die Fernsehsender sind voll davon. Und egal, wie sehr die Berichterstattung sich sonst von Sender zu Sender unterscheidet, dieses Jahr scheinen sich alle ziemlich einig zu sein, zumindest in einem Punkt, dem 11. September nämlich. Slogan- und parolenartig wird verkündet: Die Welt habe sich seit dem 11. September verändert. Es wird behauptet: „Nichts ist mehr so, wie es vorher war." Wie war es denn vorher – und wie ist es jetzt? Vorher war die Welt „in Ordnung" – jetzt fühlt sich die westliche Zivilisation geängstigt und bedroht, ja, sogar mit dem Tode. Einem manchen von Ihnen kommen sicherlich, wie auch mir, beim Stichwort „11. September" sofort wieder die Bilder ins Gedächtnis, welche uns von der Fernseh-Industrie dort eingebrannt worden sind. Immer und immer wieder wurde und wird uns eindringlich die Zerstörung des World Trade Centers in New-York vor Augen geführt. Fast so, als ob gerade diese Bilder niemals aus unserer Erinnerung schwinden dürften. Die beiden Twin Towers sind ge-

[25] (30.12.2001)

schlagen, wie zwei Turmfiguren im Schachspiel. Der Welt-Handels-Umschlagplatz hat sein wichtigstes Symbol verloren. Das Heiligtum des westlichen Kapitalismus liegt in Schutt und Asche. Immer noch werden Leichen aus den Trümmern geborgen. Wenn wir diesen allseits behaupteten Schock wirklich empfinden, dann sind wir demjenigen Empfinden wohl etwas näher gekommen, das vor etwa 2 ½ Jahrtausenden, bei der Zerstörung des Jerusalemer Tempels, um sich gegriffen haben mag. Der Tempel, das Heiligtum, da es als Ort der Gegenwart Jahwes galt, war zerstört. Das Land, welches als Gabe Jahwes und daher als Unterpfand seiner Zuwendung galt, war unter Fremdherrschaft. Das Königtum, das als Instrument des Wirkens Jahwes galt, war außer Kraft gesetzt. Der letzte Davidide, der als letzter Hoffnungsträger galt, befand sich als Gefangener am babylonischen Königshof. Israel war im Exil! Die letzte Hoffnung, diejenige auf Rettung durch einen Messias, war zerstört. Israel fühlte sich von Jahwe verraten und verkauft. Und dennoch, allen trostlosen Fakten entgegen, gab es Stimmen, die in der Lage waren, zu Freude, zu Lob und zu Jauchzen aufzufordern. Solch eine Stimme hören wir auch in unserem heutigen Predigttext. Ich lese aus Jesaja, Kapitel 49, die Verse 13 bis 16:

Jauchzet, ihr Himmel; freue dich, Erde! Lobet, ihr Berge, mit Jauchzen! Denn der HERR hat sein Volk getröstet und erbarmt sich seiner Elenden. Zion aber sprach: Der Herr hat mich verlassen. Der Herr hat meiner vergessen. Kann auch eine Frau ihr Kindlein vergessen, dass sie sich nicht erbarme über den Sohn ihres Leibes? Und ob sie seiner vergäße, so will ich doch deiner nicht vergessen. Siehe, in die Hände habe ich dich gezeichnet; deine Mauern sind immerdar vor mir.[26]

[26] Lutherbibel, revidierter Text 1984, durchgesehene Ausgabe, © 1999 Deutsche Bibelgesellschaft, Stuttgart.

Es sind starke Bilder, in denen der Text zu uns spricht. Es sind Bilder, wie wir sie gerade heute wieder, gebrauchen können – allen Bilderfluten zum Trotz! Die Himmel sollen jauchzen! Die Erde soll sich freuen! Die Berge sollen loben mit Jauchzen! Wir werden auch aus dem Text gewahr, aus welchem Grunde die gesamte Schöpfung sich freuen soll: Gott vermag sein Volk zu trösten! Gott hat Erbarmen! Gott erbarmt sich auch der Elenden! Weil Gott, der Herr des Erbarmens und des Trostes ist, kann sogar die Natur in Lobgesang einstimmen. Doch es gibt auch Stimmen, die nicht in den Lobgesang einstimmen können. Zion spricht: Gott hat mich verlassen. Gott hat mich vergessen. Zion fühlt sich von Gott verlassen. Und nicht nur das. Es glaubt nicht nur, vorübergehend von Gott verlassen zu sein, sondern Gott endgültig abhanden gekommen zu sein, von Gott vergessen zu sein. Das heißt, die Hoffnung darauf, dass Gott sich je wieder zeigen wird, ist gänzlich zunichte. Zion befürchtet also: Gott kommt nicht mehr. Gott erbarmt sich nicht mehr. Gott tröstet nicht mehr. Gott ist fort. Auf nimmer Wiedersehen. Das ist hart. Das macht hart. Das ist die absolute Trostlosigkeit. Das ist knallharte Erbarmungslosigkeit. Das ist erbarmungswürdige Hoffnungslosigkeit. Zions Gefühl der Gottvergessenheit und Gottverlassenheit brauche ich wohl nicht weiter auszumalen. Ich denke, solches oder ähnliches dürfte uns allen bereits einmal begegnet, und somit in irgendeiner Form auch bekannt und vertraut sein. Doch der Text bleibt nicht dabei stehen. Diesen unverantwortlichen Vorwurf, lässt Gott hier nicht ohne Antwort auf sich beruhen. Er fragt zurück: Vergisst etwa ein Weib ihr Kindlein? Vergisst sie etwa ihr Kind, dass sie sich nicht über den Sohn oder über die Tochter ihres Leibes erbarmt? Natürlich sollten die Antworten hier, knapp und klar, folgendermaßen lauten: Nein! Nein, eine Mutter vergisst nicht ihr Kind! Nein, eine Frau vergisst nicht die Frucht ihres Leibes! Nein, keinesfalls! Denn sie hat Erbarmen mit dem Sohn oder der Tochter ihres Leibes! Doch ist hier nicht vergessen, dass es ab und an doch vorkommt, und eine Mutter kein Erbarmen mit ihrem Kind haben kann. Daher bedarf es einer Ergänzung, die auch sogleich folgt: Selbst wenn eine Frau ihr Kind, ihre

Leibesfrucht, vergessen würde. So will ich doch deiner niemals vergessen. Gott spricht Zion an. Gott sagt dem verzagten Zion zu, es nicht vergessen zu haben und es auch nicht vergessen zu wollen! Genau das Zion, das nicht mit der Schöpfung singen und jauchzen wollte, das sich nicht freuen und Gott nicht loben konnte, - das Zion, das sich nicht trösten lassen konnte und kein Erbarmen fand, weil es befürchtete, von Gott verlassen und vergessen zu sein, - genau das Zion fand Erbarmen bei Gott. Genau dieses Zion wurde durch Gottes Zusage des Nichtvergessens getröstet. Und das Zeichen für das Nichtvergessen ist das Zeichnen in die Hand. Ein Bild, das, hier in der Gemeinde, bei jeder Taufhandlung erinnert wird. Ein weiteres Bild für das Nichtvergessen, sind die Mauern, die immerdar vor Gott sind. Gemeint sind damit die Mauern des neuen Jerusalemer Tempels, wie er in Zukunft, gerade aufgrund des Nichtvergessens Gottes, wieder aufgebaut werden soll. Der Herr spricht: Siehe, in die Hände habe ich dich gezeichnet. Deine Mauern sind immerdar vor mir. Haben wir heutzutage auch keinen Tempel mehr, der uns als Ort der Gegenwart Gottes gilt, so suchen wir doch ständig nach Gottesbegegnungen. Und Gott verheißt, einen neuen Tempel aufzubauen, dessen Grundriß ihm bereits vor Augen schwebt. Leben wir auch heute nicht mehr mit der Vorstellung, das Land sei eine geliehene Gabe Gottes, sondern sehen es als unsern rechtmäßigen Besitz, so sehnen wir uns doch nach einem Unterpfand göttlicher Zuwendung. Und Gott verheißt, sich uns zuzuwenden. Gerade und besonders dann, wenn wir uns von ihm abwenden und damit rechnen, bereits von Gott verlassen und vergessen worden zu sein. Er vergisst uns nicht, da wir seine Kinder sind. Glauben wir auch nicht mehr an das Königtum als Garant für eine gute und gerechte Regierung, so verlangt uns doch nach Erfahrungen des Wirkens Gottes, auch in der Weltpolitik von heute. Doch so elend es auch aussehen mag, Gott erbarmt sich der Elenden. Er wird sein Volk trösten. Finden wir auch keinen Erben einer Königsdynastie mehr, der uns als letzter Hoffnungsträger das Heil der Welt garantieren kann, so wollen wir doch eigentlich nichts anderes, als göttliche Hoffnung finden, die Bestand hat und sich dauerhaft für unser Leben eignet. Und diesen Hoffnungsträger, den, auf den die ganze Welt hoffte, hat Gott an Weihnachten Mensch werden lassen. Der Messias, auf den Simeon und Hanna in unserer heutigen Evangelienlesung gewartet haben, ist als Mensch unter uns erschienen. Einst an Weihnachten, und immer wieder neu.

Amen.

(10) Altjahrsabend[27]: Exodus 13,20-22: Die Wolken- und Feuersäule

So zogen sie aus von Sukkot und lagerten sich in Etam am Rande der Wüste. Und der HERR zog vor ihnen her, am Tage in einer Wolkensäule, um sie den rechten Weg zu führen, und bei Nacht in einer Feuersäule, um ihnen zu leuchten, damit sie Tag und Nacht wandern konnten. Niemals wich die Wolkensäule von dem Volk bei Tage noch die Feuersäule bei Nacht.[28]

Gnade sei mit uns und Friede von Gott unserm Vater und unserm Herrn Jesus Christus. Amen.

Liebe Gemeinde.

Das alte Jahr ist vergangen, so haben wir gerade gesungen. Nur noch wenige Stunden verbringen wir in diesem „alten“ Jahr 2005. Dann schreiben wir ein „neues“ Jahr, das Jahr 2006. Nehmen wir uns noch ein wenig Zeit, innezuhalten und uns zu fragen, was wir mit dem alten Jahr hinter uns lassen werden und was uns im neuen Jahr alles erwarten mag. Unser Predigttext

[27] (31.12.2005)
[28] Lutherbibel, revidierter Text 1984, durchgesehene Ausgabe, © 1999 Deutsche Bibelgesellschaft, Stuttgart.

mag uns dabei behilflich sein. Das Volk Israel befindet sich ebenfalls im Übergang. Zwar nicht von einem alten in ein neues Jahr, jedoch von einem alten Dasein in ein neues. Das Volk Israel befindet sich auf der Wanderschaft. Biblisch gesprochen, befindet sich das Volk Israel im Auszug, griechisch-lateinisch, im „Exodus“. Dieser Exodus ist zentraler Inhalt des zweiten Buches Mose. Nach diesem Hauptinhalt hat dieses Buch auch seinen Titel erhalten: eben Exodus. Von wo zieht nun das Volk Israel aus und wo zieht es hin? Sie werden es sicherlich alle noch wissen: das Volk Israel zieht aus Ägypten aus, hin ins gelobte Land. Doch geht es im Buch Exodus nicht so sehr ums Ankommen, wie um den Auszug selbst. Wir erinnern uns: Im Buch Exodus wird zuerst eindrücklich die Bedrückung des Volkes Israel in Ägypten geschildert. Dann erfahren wir etwas über einen Hoffnungsträger mitten aus dem Volk Israel. Mose ist sein Name. Wir hören von seiner Geburt, vom Versuch, ihn zu töten und von seiner wundersamen Errettung. Wir lesen von seiner Flucht aus Ägypten, von seiner Berufung in Midian und der anschließenden Rückkehr nach Ägypten. Wir entsinnen uns, wie Gott den Mose sendet, das Volk Israel aus der Bedrückung in Ägypten heraus zu führen. Mose erscheint vor dem ägyptischen Pharao und bittet, sein Volk ziehen zu lassen. Da sich der Pharao aufgrund seines verstockten Herzens weigert, sendet Gott die zehn Plagen: Das Wasser verwandelt sich in Blut, Frösche, Stechmücken, Stechfliegen kommen über das Land, Viehpest und Blattern quälen Menschen und Tieren, Hagel zerschlägt alles auf dem Feld Ägyptens, Heuschrecken fressen alles kahl, Finsternis erstreckt sich drei Tage lang und schließlich stirbt jeder Erstgeborene in Ägypten. Erst daraufhin lässt der Pharao Mose und das Volk Israel ziehen. Nachdem das Passahfest eingesetzt, die Erstgeburt Israels geheiligt und das Fest der ungesäuerten Brote gefeiert ist, zieht das Volk Israel wohlgeordnet aus Ägyptenland aus. Gott lässt das Volk Israel einen Umweg machen und führt sie durch die Wüste zum Schilfmeer. Noch bevor Israel durch das Schilfmeer zieht, erfahren wir innerhalb unseres kurzen Predigttextes etwas darüber, wie Gott sein Volk zu führen verstand: Gott zieht vor seinem Volk her, um sie den rechten Weg zu führen und um ihnen zu leuchten. Am Tage nämlich zog er vor ihnen her wie in einer Wolkensäule und des Nachts zog er vor ihnen her wie in einer Feuersäule. Wie können wir diese Bilder verstehen? Vielleicht hilft uns die Vorstellung weiter, dass das Volk Israel eben durch die Wüste zog und nicht etwa durch eine westeuropäisch verregnete Klimazone. So würde in unseren Breitengraden eine Wolkensäule wohl kaum als Führung Gottes (an-)erkannt werden können; eine Wolkensäule inmitten von Bewölkungserscheinungen nicht den rechten Weg zu weisen geeignet sein. In der Wüste hingegen sieht es damit schon anders aus. Mitten im Wüstenklima bietet eine Wolke bereits Schutz gegen die ewig brennende Sonne, gegen die versengende Hitze und Glut des Tages. Mitten in der Wüste spendet eine Wolke bereits genügend Feuchtigkeit, die vor Austrocknung zu bewahren vermag. An heißen trockenen Tagen schenkt Gottes Führung also erfrischende Abkühlung und durstlöschende Nässe. Gott in der Wolkensäule bewahrt das Volk Israel also vor Dürre und Hitzetod. Ebenso des Nachts. In nächtlicher Wüstenkälte und Dunkelheit verhilft ein Feuer bereits zu Wärme und Licht. Doch Menschen vermögen ein Feuer nur an einem Ort zu entzünden, an dem sie dann bleiben müssen, wollen sie es hell und warm haben. Zum Rast machen ist aber gar nicht die Zeit während eines Exodus. Der Gott des Exodus ist eben keine Lokalgottheit, die sich an einem festen Ort niederlässt, um sich dort einzurichten, sesshaft zu werden und es sich gemütlich und bequem zu machen. Der Gott des Exodus ist ein Gott, der keine Rast und Ruhe kennt, der weiter will und weiter zieht. Und so bleibt es nicht bei einem Lagerfeuer eines Nomadenvolkes in der Wüste, sondern Gottes Führung erweist sich in einer Feuersäule, die vorangeht und fort-führt. Wir haben es hier mit einer unermüdlichen Gottheit zu tun. Der Gott des Exodus ist die treibende Kraft schlechthin, die vorausgeht und nachfolgen lässt. Das Volk Israel bekommt noch zu spüren, was der Gott des Exodus ihnen allen abverlangt. Trotz aller Überlebenswunder wird das Volk Israel noch des öfteren der guten alten Zeit im Ägyptenland nachtrauern. Dann ist die Rede vom murrenden Volk Israel, das sich nach den Fleischtöpfen Ägyptens zurücksehnt. Gott mutet seinem Volk einiges zu. Bei Tag und bei Nacht muss sein Volk wandern. Doch er lässt sie nicht allein, er überlässt sie nicht sich selbst. Er ist bei ihnen, er begleitet sie, er geht ihnen voran. Er lässt ihnen alles zukommen, was sie bei der Durchquerung der Wüste benötigen. Er lässt Wasser aus einem Felsen entspringen, er lässt Wachteln und Manna vom Himmel fallen. Doch vor allen Speisungs- und Tränkungswundern ist es vor allem die Anwesenheit Gottes selbst, die Lebens spendend wirkt und zum Überleben notwendig ist. Gott ist mit ihnen, er führt sie den rechten Weg, er leuchtet ihnen.

Nun, beim Volk Israel ist uns einsichtig geworden, wo sie herkamen, wo sie bedrückt wurden, von wo sie aufbrachen und wo sie hin wollten. Vor allem ist uns klar geworden, wie Gott, der Gott des Exodus, sie begleitet hat und führte. Doch was hat das mit uns zu tun? Von wo aus wollen wir aufbrechen? Was ist unsere Bedrückung, die wir hinter uns lassen wollen? Wie sieht unser Weg durch die Wüste aus? Nicht unwesentlich finde ich, dass es sich bei diesem Exodus eben um einen Weg durch die Wüste handelt. Es ist keine Schnellstraße, kein Highway, keine ICE-Trasse, die geradewegs zum Ziel führt. Gott führt sein Volk wissentlich nicht den kürzesten, nicht den schnellsten Weg. Das Volk Israel wandert auf Umwegen. Gott führt das Volk nicht auf dem nächsten Weg, denn, so heißt es in der Bibel, Gott dachte, es könnte das Volk gereuen, wenn sie Kämpfe vor sich sähen, und sie könnten wieder nach Ägypten umkehren. Darum lässt Gott sein Volk einen Umweg machen (und führt es durch die Wüste). Wir gehen gerne unsere eigenen Wege. Wir kommen gerne schnell voran. Wir wollen direkt ans Ziel gelangen. Wir brauchen Erfolgserlebnisse, keinen Hindernislauf. Wir mögen unsere Zukunft gerne in die eigenen Hände nehmen. Doch niemandem unter uns dürfte unbekannt sein, dass es Situationen gibt, in denen unsere Zukunftspläne zunichte gemacht werden. Es gibt Krankheiten, Schicksalsschläge, tragische Unfälle, Naturkatastrophen und vieles mehr, die unser scheinbar gesichertes Leben an den Abgrund führen oder sogar mitten hinein stürzen lassen. Diese Erlebnisse lassen sich nicht aus unserem Leben ausklammern. Die Tatsache, dass unser Leben, insbesondere das, was in der Zukunft auf uns wartet, unserer Verfügung entzogen bleibt, wirft uns hinaus aus unserer Macher-Rolle und mitten hinein in das Angewiesensein auf Gottes Geleit und Führung. Unser Leben ist gebrechlich und zerbrechlich, doch Gottes Beistand ist uns gewiss. Im Rückblick auf unser bisheriges Leben, biblisch gesprochen im Rückblick auf den Frondienst im Ägyptenland, können wir vielleicht noch erkennen, worin unsere Bedrückung lag. Vielleicht erinnern wir uns auch, wem wir uns anvertraut haben, welcher Stimme wir Gehör schenkten, die uns Besserung unseres Lebens versprach. Vielleicht entsinnen wir uns noch, wem wir uns anschlossen, aus unserer Knechtschaft auszubrechen, wem wir gefolgt sind, in der Hoffnung auf ein besseres Land. In unserem Text vergewissert sich das Volk Israel der ununterbrochenen Anwesenheit Gottes. Gott, der Herr, ist mit ihnen, er zieht vor ihnen her. Am Tag in einer Wolkensäule, um sie den rechten Weg zu führen, und bei Nacht in einer Feuersäule, um ihnen zu leuchten, damit sie Tag und Nacht wandern konnten. Niemals wich die Wolkensäule von dem Volk bei Tag, noch die Feuersäule bei Nacht. Das wandernde Gottesvolk ist mit Gott unterwegs. In die Richtung des verheißenen Landes. Gott geht ihnen voran. Gott zeigt ihnen den Weg und begleitet sie. So will er auch uns begleiten. Wir sind von Gott, von guten Mächten wunderbar geborgen. Ganz gewiss an jedem neuen Tag, auch im neuen, im kommenden Jahr 2006.

Und der Friede Gottes, der höher ist als all unsere menschliche Vernunft, bewahre unsere Herzen und Sinne in Christus Jesus. Amen.

(11) Neujahrstag[29]: Josua 1,1-9: Zurüstung für den Einzug in das verheißene Land

Nachdem Mose, der Knecht des HERRN, gestorben war, sprach der HERR zu Josua, dem Sohn Nuns, Moses Diener: Mein Knecht Mose ist gestorben; so mach dich nun auf und zieh über den Jordan, du und dies ganze Volk, in das Land, das ich ihnen, den Israeliten, gegeben habe. Jede Stätte, auf die eure Fußsohlen treten werden, habe ich euch gegeben, wie ich Mose zugesagt habe. Von der Wüste bis zum Libanon und von dem großen Strom Euphrat bis an das große Meer gegen Sonnenuntergang, das ganze Land der Hetiter, soll euer Gebiet sein. Es soll dir niemand widerstehen dein Leben lang. Wie ich mit Mose gewesen bin, so will ich auch mit dir sein. Ich will dich nicht verlassen noch von dir weichen. Sei getrost und unverzagt; denn du sollst diesem Volk das Land austeilen, das ich ihnen zum Erbe geben will, wie ich ihren Vätern geschworen habe. Sei nur getrost und ganz unverzagt, dass du hältst und tust in allen Dingen nach dem Gesetz, das dir Mose, mein Knecht, geboten hat. Weiche nicht davon, weder zur Rechten noch zur Linken, damit du es recht ausrichten kannst, wohin du auch gehst. Und lass das Buch dieses Gesetzes nicht von deinem Munde kommen, sondern betrachte es Tag und Nacht, dass du hältst und tust in allen Dingen nach dem, was darin geschrieben steht. Dann wird es dir auf deinen Wegen gelingen, und du wirst es recht ausrichten. Siehe, ich habe dir geboten, dass du getrost und unverzagt seist. Lass dir nicht grauen und entsetze dich nicht; denn der HERR, dein Gott, ist mit dir in allem, was du tun wirst.[30]

Gnade sei mit uns und Friede von Gott unserm Vater und unserm Herrn Jesus Christus. Amen.

---

[29] (1.1.2006)

[30] Lutherbibel, revidierter Text 1984, durchgesehene Ausgabe, © 1999 Deutsche Bibelgesellschaft, Stuttgart.

Liebe Gemeinde.

Ein herzliches Willkommen nicht nur zu diesem heutigen Sonntagsgottesdienst, sondern auch im neuen Jahr 2006. Sie haben die Schwelle, nicht nur zur A.-kirche überschritten, sondern auch die Schwelle vom alten Jahr hinein in das neue. Einen solchen Schwellenschritt hatte auch Josua vor sich, so haben wir es eben in der Lesung des Predigttextes gehört: Mach dich nun auf und zieh über den Jordan. Doch, so banal es auch klingt, Josua soll nicht nur einen Fluss überqueren, das an sich wäre schon eine Herausforderung genug für jemanden, der den größten Teil seines Lebens mit dem Durchzug der Wüste verbracht hat. Der Schritt über die Schwelle beinhaltet noch weitaus mehr. Josua, der sich bislang im Hintergrund halten konnte, der sich hinter Mose, dem großen Führer des Volkes Israel, verstecken konnte, soll nun, da Mose gestorben ist, in den Vordergrund treten, er soll das verwaiste Volk anführen. Er soll den letzten, den entscheidenden Schritt vorangehen, den Schritt über den Jordan tun, den Fuß in das verheißene Land setzen. Bislang war Josua eher gewohnt, dem Mose zu dienen, dem Mose zu gehorchen, dem Mose zu folgen. Nun soll er aus dieser altbewährten Rolle heraustreten, nicht länger Jünger des Mose sein, sondern seinerseits das Volk Israel anführen. Er soll nicht nur über sich selbst hinaus wachsen, sondern auch die Figur des Mose überflügeln, dem es ja verwehrt blieb, das gelobte Land lebend zu erreichen. Eine große Herausforderung, die den Josua an seiner Schwelle erwartet und (be-)trifft. Josua wird uns geschildert als ein tapferer Kriegsheld. Mit den klassischen Eigenschaften eines Kriegers soll er uns zum Vorbild dienen: Standhaftigkeit und Tatkraft, Festigkeit und Stärke. Doch soll er nicht nur rücksichtslos alle und alles niedermetzeln, wer oder was sich ihm in den Weg stellt, seine Stärke und Festigkeit sollen sich auch auf andere, als nur die kriegerischen Bereiche, erstrecken: So wird er nämlich aufgefordert, auf Gottes Weisungen zu achten, das Buch des Gesetzes, die Thora, Tag und Nacht zu betrachten, und sich an die Worte der Schrift zu halten, dem Wort

Gottes zu gehorchen. Unter diesen Bedingungen erhält er Gottes gesamten Zuspruch: Generalstabsmäßig wird ihm das gesamte Gebiet, das Gott dem Mose verheißen hat, zugesagt. Geographisch exakt abgesteckt breitet sich vor Josua eine Landkarte aus, die genau die Umrisse des späteren Reiches der Könige David und Salomo zeigt: Von der Wüste bis zum Libanon, von dem großen Strom Euphrat bis an das große Meer gegen Sonnenuntergang, das ganze Land der Hetiter. Der Zuspruch Gottes umfasst jedoch nicht nur das zugesagte verheißene Land. Gottes Zuspruch geht noch viel weiter, indem Gott dem Josua zusagt: Es soll dir niemand widerstehen dein Leben lang. Wie ich mit Mose gewesen bin, so will ich auch mit dir sein. Ich will dich nicht verlassen, noch von dir weichen. Gott verheißt dem Josua ewiges Geleit. So, wie es in der Jahreslosung für dieses neue Jahr lautet (Josua 1,5b):

Ich lasse dich nicht fallen und verlasse dich nicht.[31]

Welch eine Zusage! Doch diese Zusage hat auch ihren Preis. Ich erwähnte es eben bereits, Josua soll nicht vom Gesetz Gottes ablassen. Gott fordert ganz konkret von Josua: dass du hältst und tust in allen Dingen nach dem Gesetz, das dir Mose, mein Knecht, geboten hat. Weiche nicht davon, weder zur Rechten noch zur Linken, damit du es recht ausrichten kannst, wohin du auch gehst. Und lass das Buch dieses Gesetzes nicht von deinem Munde kommen, sondern betrachte es Tag und Nacht, dass du hältst und tust in allen Dingen nach dem, was darin geschrieben steht. Der Preis ist derjenige absoluter Gesetzestreue. Dieses Gesetz Gottes, betrachtet Tag und Nacht, will verinnerlicht sein, will rezitiert sein, will aufgesagt werden, will mündlich vorgetragen werden, will weitergesagt sein. Doch die Gebote Gottes wollen auch äußerlich sichtbar werden, die Torah will und muss erfüllt sein, recht ausgerichtet sein, alles, was geschrieben steht, soll, ohne davon abzuwei-

[31] Einheitsübersetzung der Heiligen Schrift
© 1980 Katholische Bibelanstalt, Stuttgart.

chen, gehalten und getan werden. Darin liegt eine deutliche Strenge und Exaktheit begründet. Josuas Gebote sind eindeutig überliefert und durch Mose auf ihn gekommen. Nach diesen Geboten Gottes gilt es zu leben, zu handeln und zu führen. Gott scheint um die Gewaltigkeit dieser Führungsaufgabe zu wissen. Deshalb spricht er dem Josua gleich dreifach ein Wort der Ermutigung zu: Sei getrost und unverzagt; denn du sollst diesem Volk das Land austeilen, das ich ihnen zum Erbe geben will, wie ich ihren Vätern geschworen habe. Sei nur getrost und ganz unverzagt, dass du hältst und tust in allen Dingen nach dem Gesetz, das dir Mose, mein Knecht geboten hat. Siehe, ich habe dir geboten, dass du getrost und unverzagt seist. Lass dir nicht grauen und entsetze dich nicht; denn der Herr, dein Gott, ist mit dir in allem, was du tun wirst. Gott kennt die Schwierigkeiten, die sich dem Josua stellen, denen sich Josua stellen muss. Und wer von uns wäre nicht ebenfalls überfordert mit einer so gewaltigen Aufgabe. Josua bedarf der Ermutigung und Josua wird inmitten aller Zumutung von Gott selbst Mut zugesprochen: Sei getrost und unverzagt. Sei fest und unentwegt. Sei standhaft und tapfer. Bleib´ stark und sei zuversichtlich. Verzage nicht, erschrecke dich nicht. Denn Gott der Herr ist treu und zuverlässig, er ist mit dir, wohin du auch gehst. So also steht Josua vor seiner Schwellen-Situation. Mose, der Knecht des Herrn, ist gestorben. Er hatte das Volk Israel aus Ägyptenland heraus- und den weiten Weg durch die Wüste geführt. Er durfte nur einen Blick in das verheißene Land werfen, noch kurz bevor er starb. Damit nahm seine Aufgabe, zu der er von Gott berufen und gesendet war, ein Ende. Die Hineinführung des Volkes Israel in das gelobte Land soll nun Aufgabe des Mose-Nachfolger werden, Aufgabe Josuas, des einstigen Dieners von Mose. So steht Josua vor dem Jordan und empfängt den Auftrag Gottes, diesen Fluss mitsamt seinem Volk zu überqueren und das verheißene Land zu betreten. Mit jedem einzelnen Schritt, den Josua fortan geht, betritt er Neu-Land, im wahrsten Sinne des Wortes. So heißt es im Text: Jede Stätte, auf die eure Fußsohlen treten werden, habe ich euch gegeben, wie ich Mose zugesagt habe. Was für ein Gefühl muss das gewesen sein, jedes Fleckchen Erde als gelobtes und verheißenes Land unter den nackten Fußsohlen zu spüren und wahrzunehmen? Eine wahre Entdeckungs- und Eroberungsreise beginnt. Das so lang ersehnte Land, das Ziel einer scheinbar endlosen Reise durch die Wüste ist erreicht, nur noch ein Fluss-Breit liegt dazwischen, dann ist es soweit. Ähnlich ergeht es in gewisser Weise auch uns. Unsere Schwellensituation war der Umbruch vom alten Jahr 2005 ins neue, jetzige Jahr 2006. Mit dem Bruchteil einer Sekunde ist dieser Wechsel erfolgt, sie alle haben diesen Wechsel, diesen Übergang auf die ein oder andere Weise gefeiert. Wir sind angekommen, wir haben, bildlich-biblisch gesprochen, den Jordan durchschritten. Mit jeder Sekunde, jeder Minute, jeder Stunde, jedem Tag gehen wir weiter in dieses neue Jahr hinein. Spüren wir auch das verheißene Land unter unseren nackten Fußsohlen? Noch sehen wir nicht, welchen Ereignissen wir entgegengehen. Noch hält das neue Jahr viele Undurchsichtigkeiten bereit. Mag das Jahr auch bereits abgegrenzt, landkartenartig erschlossen vor uns liegen, terminlich durchgeplant und abgesteckt sein, vieles von dem, was uns erwartet, befindet sich noch im Verborgenen, will erst noch von uns entdeckt werden. Bevor wir gedankenlos in unserem alten Trott weiter marschieren, lassen sie uns noch kurz innehalten an der Schwellensituation des Josua und uns fragen: Aus welchen ausgetretenen Fußstapfen gilt es für uns herauszutreten? Auf welchen Boden, welches verheißene Land sollen wir unseren Fuß setzen? Zu welcher Lebensmitte, von der es nicht abzuweichen gilt, müssen wir (zurück-)finden? Welchem verheißenen Land eilen wir entgegen? Das neue Jahr jedenfalls liegt noch vor uns, wir dürfen es getrost begehen, Schritt für Schritt, Tag für Tag. Und die Verheißung Gottes, die über diesem Jahr 2006 gleichsam geschrieben steht, dürfen auch wir beherzigen, wenngleich sie auch insbesondere, dem Josua zugesprochen war: Sei getrost und unverzagt. Ich lasse dich nicht fallen und verlasse dich nicht.

Und der Friede Gottes, der höher ist als all unsere menschliche Vernunft, bewahre unsere Herzen und Sinne in Christus Jesus. Amen.

(12) Sonntag nach Epiphanias[32]: Römer 12,1-8: Die Gnadengaben im Dienst der Gemeinde

Liebe Gemeinde.

Der Predigttext für den heutigen Sonntag steht im Römerbrief, Kapitel 12, die Verse 1 bis 8. Ich möchte ihn zunächst einmal vorlesen:

Ich ermahne euch nun, liebe Brüder, durch die Barmherzigkeit Gottes, dass ihr eure Leiber hingebt als ein Opfer, das lebendig, heilig, und Gott wohlgefällig ist. Das sei euer vernünftiger Gottesdienst. Und stellt euch nicht dieser Welt gleich, sondern ändert euch durch Erneuerung eures Sinnes, damit ihr prüfen könnt, was Gottes Wille ist, nämlich das Gute und Wohlgefällige und Vollkommene. Denn ich sage durch die Gnade, die mir gegeben ist, jedem unter euch, dass niemand mehr von sich halte, als sich´s gebührt zu halten, sondern dass er maßvoll von sich halte, ein jeder, wie Gott das Maß des Glaubens ausgeteilt hat. Denn wie wir an einem Leib viele Glieder haben, aber nicht alle Glieder dieselbe Aufgabe haben, so sind wir viele ein Leib in Christus. Aber untereinander ist einer des andern Glied, und haben verschiedene Gaben nach der Gnade, die uns gegeben ist. Ist jemand prophetische Rede gegeben, so übe er sie dem Glauben gemäß. Ist jemand ein Amt gegeben, so diene er. Ist jemand Lehre gegeben, so lehre er. Ist jemand Ermahnung gegeben, so ermahne er. Gibt jemand, so gebe er mit lauterem Sinn.

[32] (11.1.2004)

Steht jemand der Gemeinde vor, so sei er sorgfältig. Übt jemand Barmherzigkeit, so tue er´s gern.[33]

Liebe Gemeinde, oder, mit Paulus gesprochen: Liebe Brüder, und, ich ergänze: liebe Schwestern.

Mir hat dieser Paulus-Text auf Anhieb gefallen und mich angesprochen. Ich versuche nun, Ihnen einige meiner Einfälle zum Text mitzuteilen:

1. Paulus vertritt ein neuartiges Gottesdienst Verständnis: Er versteht unter Gottesdienst nicht nur eine Gemeindeversammlung einmal pro Woche, Sonntags Morgens um 10 Uhr für eine knappe Stunde in einem separaten Raum, in der Kirche. Es geht Paulus nicht darum, sich bloß wöchentlich zu treffen, um den Gottesdienst abzuhalten, und anschließend diesen Dienst für beendet und abgeschlossen zu erklären. Für Paulus lässt sich Gottesdienst weder zeitlich noch räumlich begrenzen und einengen. So billig kommen wir ihm nicht davon. Der Gottesdienst ist umfangreicher und mehrdeutig(er) als es unsere Gewohnheit zulassen möchte. Gottesdienst ist eben Dienst Gottes! Gott hat uns gedient, indem er uns zum Leben erschaffen und zum Leben befreit hat. Er will, dass wir uns darauf einlassen, ihm wiederum zu dienen. Gott dient uns, dass wir ihm dienen können. Paulus spricht von der Barmherzigkeit Gottes, der bereits hinweg genommen hat, was uns belastet und lähmt. Darum will er auch, dass wir uns wie Befreite benehmen und ihm nicht mit zerknirschter Miene und aus Pflichtgefühl ein Opfer bringen! Die Zeit des Tiere Schlachtens haben wir bereits hinter uns gelassen; zumindest innerhalb unseres herkömmlichen Gottesdienstes. Die Kultkritik an Schlacht-, Rauch- und Schwenkopfern trifft uns in diesem Sinne nicht mehr. Aber haben wir auch innerlich den altertümlichen Opfergedanken hinter uns gelassen, mit dem wir Gott in Bezug auf uns wohlstimmen und beeinflussen wollen und

[33] Lutherbibel, revidierter Text 1984, durchgesehene Ausgabe, © 1999 Deutsche Bibelgesellschaft, Stuttgart.

vielleicht sogar zu bestechen gedenken? Stehen nicht manche unserer Arbeitseinsätze in der Gefahr, zu einem Opfer zu verkommen, das widerwillig erbracht werden muss, weil es sich nun mal so eingebürgert hat, weil man es nun mal tun muss? Wie dem auch sei. Paulus warnt uns vor den falschen Opfern - und vor allem vor der verkehrten Opferhaltung! Ein Opfer soll kein totes, kein geschlachtetes, kein Gott unwürdiges sein. Es soll, so sagt Paulus, das genaue Gegenteil sein, nämlich lebendig, heilig und Gott wohlgefällig! Paulus spricht von der Hingabe des eigenen Leibes, wohlgemerkt nicht an irgendein System, sondern ausschließlich an Gott selbst. Er, der uns barmherzig ins Leben gerufen hat, ist als unser Schöpfer der einzige, der diesen absoluten Anspruch auf unser gesamtes Dasein erheben darf. „Cause nothing I have is truely mine“ heißt es in einem aktuellen Lied: nichts, was ich habe, gehört mir wirklich. Alles, was ich habe, oder zu haben scheine, ist ein Geschenk, eine Leihgabe, von der ich – „nach Gebrauch“ - wieder lassen muss. Alles, was ich zur Verfügung habe, muss ich irgendwann einmal wieder loslassen. Seien es Gegenstände, seien es Menschen, sei es mein eigener Leib, meine Fähigkeiten, meine Identität. Das, was mir aus Barmherzigkeit von Gott zur Verfügung gestellt wurde, wiederum hingebungsvoll Gott zur Verfügung zu stellen, ist der einzig wahre, oder wie Paulus sagt, vernünftige Gottesdienst.

2. Um herauszufinden, was Gott wohlgefällig ist, um Gottes Willen prüfen zu können, sagt Paulus, muss der Sinn geändert bzw. erneuert werden. Eine Sinnesänderung geschieht nicht per Knopfdruck, sie geschieht auch nicht gewaltsam oder auf Befehl. Eine Sinnesänderung geschieht auch nicht zwangsläufig innerhalb eines außergewöhnlichen Augenblicks, wie es manche „Bekehrte“ zu berichten wissen. Sinnesänderung kann sich ebenso gut, wie viele andere Änderungen auch, langsam und allmählich, ja, geradezu im Schneckentempo vollziehen, allen Geschwindigkeitsfanatikern zum Trotz. Paulus ermahnt nicht umsonst immer und immer wieder. Er weiß um die Kurzlebigkeit von guten Vorsätzen, wie wir sie z.B. mit dem kürzlichen Jah-

reswechsel verbinden. Doch geht es im Text nicht nur um die Veränderung einer Jahreszahl, sondern um die Änderung des eigenen Sinnes. Einen Hinweis dazu gibt uns Paulus: Er sagt, stellt euch nicht dieser Welt gleich! Passt euch nicht dem „Schema", der Schablone der Welt an. Lasst euch nicht gleichschalten! Fallt nicht totalitär der Welt anheim, sondern ändert euch durch Erneuerung eures Sinnes! Das griechische Wort für Sinneserneuerung heißt Metamorphose und meint nicht nur eine minimale Veränderung, sondern eine komplette Umgestaltung, einen Gestaltwandel, eine Verwandlung. Mittels eines Sinneswandels kann, laut Paulus, geprüft werden, was Gottes Wille ist. Niemand kann einem anderen Gottes Willen diktieren. Niemand kann für einen anderen den Willen Gottes herausfinden. Niemand hat einen Rechtsanspruch auf die letztgültige Erkenntnis des Gotteswillens. Wer den Willen Gottes erkennen will, kommt - nach Paulus - vielmehr nicht um eine gewisse(nhafte) Auseinandersetzung mit sich und der Welt herum. Erst einem derart Verwandelten eröffnet sich das Entdecken des Willens Gottes im Guten, Wohlgefälligen und Vollkommenen. Und erst diese Verwandlung ermöglicht wahre Hingabe.

3. Paulus appelliert an jeden einzelnen, angemessen von sich und voneinander zu denken. Er warnt vor Überheblichkeit und ruft auf zur angemessenen Gesinnung, zur maßvollen Selbsteinschätzung, wie Gott das Maß des Glaubens ausgeteilt hat. Weder soll Glaube dort vorgetäuscht werden, wo keiner ist, noch soll da Glaube zurückgehalten und versteckt werden, wo er zur Geltung kommen möchte. Das Maß des Glaubens, das von Gott bereits ausgeteilt ist, ist der Maßstab zur Bemessung der Angemessenheit. An ihm lässt sich, wenn überhaupt vom Messen die Rede sein kann, Gesinnung, Einsicht und Vernunft messen. Und in dem Maß, wie der Mensch maßvoll, weder über- noch untertrieben, sondern eben angemessen von sich und anderen denken soll, wie es vernünftig ist, wird dann auch der wahre Gottesdienst ein Gott wohlgefälliger und ein vernünftiger Dienst Gottes sein. Und nun kommt Paulus zur eigentlichen Beschreibung seines Gemeindekonzeptes: Es kommt

zwar auf die jeweilige Hingabe-Bereitschaft und Gesinnung des einzelnen an, auch auf die Sinneserneuerung eines jeden Gemeindegliedes. Jedoch geht es nicht nur um den isolierten Leib einer vereinzelten Person, sondern um den Leib Christi, um das Ein-Leib-Sein in Christus! Es geht um das Zusammenspiel aller jeweils einzelnen als Ganzes! Da ist dann jedes Konkurrenz-Denken fehl am Platz. Da geht es nicht um Wettbewerb und Marktchancen. Sondern hier geht es um ein gesundes Miteinander! Erst das Miteinander der jeweils auf einander Eingestimmten, der sich miteinander Einspielenden macht aus den jeweiligen Verschiedenen ein heiles, wohlgefälliges und vollkommenes Ganzes. Und jetzt geht Paulus ins Detail: Wir sind einander einer des anderen Glied. Gemeinsam sind wir viele ein Leib in Christus. Zwar ist kein Glied dem anderen gleich, keines mit dem anderen identisch oder durch ein anderes austauschbar. Es gibt keine Gleichartigkeit, jedoch eine Gleichwertigkeit der einzelnen Glieder. Und jeder hat in und an diesem Corpus Christi eine andere Aufgabe. Jeder hat die Aufgabe, die ihm durch seine Begabung, seine Gabe, gegeben wurde. Paulus spricht von Gnadengaben, die uns gegeben sind, die aber gleichzeitig zur Aufgabe werden, die uns gestellt ist. Das Gemeindekonzept des Paulus lautet schlicht und simpel: Wem eine Gabe gegeben ist, der mache sie sich zur Aufgabe! Dann bringt er sieben Beispiele für Gnadengaben, die einzelnen Gemeindegliedern als Aufgabe gegeben sein können: Sei es das Prophezeien, das Dienen, das Lehren, das Ermahnen, das Geben, das Vorstehen oder das Barmherzig-Sein. Einfach zusammengefasst könnte ich sagen: Gehe deiner Begabung nach! Mache deine Gabe zur Aufgabe! Werde, der du bist! Mehr ist nicht notwendig, aber das ist Not wendig. Paulus war die Gabe der Ermahnung gegeben. In unserem Text ruft er uns auf und ermahnt uns gleich dreifach: 1. zur Hingabe an den barmherzigen Gott, 2. zur Verwandlung unserer Gesinnung und 3. zum angemessenen Beitrag unserer aufgegebenen Begabung. Insgesamt also zur lebendigen, heiligen und Gott wohlgefälligen Verwirklichung des Leibes Christi - zur Realisierung des guten, wohlgefälligen und vollkommenen Willen Gottes.

Der Friede Gottes, welcher höher ist, als all unsere Vernunft, bewahre unsere Herzen und Sinne in Christus Jesus. Amen.

(13) Sonntag nach Epiphanias[34]: 1. Korinther 1,26-31: Die Weisheit der Welt ist Torheit vor Gott

Seht doch, liebe Brüder, auf eure Berufung. Nicht viele Weise nach dem Fleisch, nicht viele Mächtige, nicht viele Angesehene sind berufen. Sondern was töricht ist vor der Welt, das hat Gott erwählt, damit er die Weisen zuschanden mache; und was schwach ist vor der Welt, das hat Gott erwählt, damit er zuschanden mache, was stark ist; und das Geringe vor der Welt und das Verachtete hat Gott erwählt, das, was nichts ist, damit er zunichte mache, was etwas ist, damit sich kein Mensch vor Gott rühme. Durch ihn aber seid ihr in Christus Jesus, der uns von Gott gemacht ist zur Weisheit und zur Gerechtigkeit und zur Heiligung und zur Erlösung, damit, wie geschrieben steht: »Wer sich rühmt, der rühme sich des Herrn!«[35]

Gnade sei mit uns und Friede von Gott unserm Vater und unserm Herrn Jesus Christus. Amen.

Liebe Gemeinde.

Unser heutiger Predigttext ist ein Anti-Text: Ein Text, der das gewöhnliche Leben der Gemeinde in Korinth so richtig aufwühlt. Ein Text, der uns auch

---

[34] (8.1.2006)
[35] Lutherbibel, revidierter Text 1984, durchgesehene Ausgabe, © 1999 Deutsche Bibelgesellschaft, Stuttgart.

heute wieder quer liegt zum üblichen Dasein. Die Korinther hatten sich angewöhnt, ihren Selbstwert selbst zu bestimmen: Da gab es diejenigen, die Hoch-Wohl-Geborenen, die von nobler Herkunft waren. Sie bildeten sich von Grund auf etwas darauf ein, einem edlen Geschlecht zu entstammen. Dann gab es diejenigen, die es aufgrund ihrer Tätigkeit zu Ansehen gebracht hatten. Emporkömmlinge, die sich mittels ihres Erfolgs nun zur höheren Gesellschaftsschicht zählen durften. Weiterhin gab es die Klasse der Gelehrten, der Klugen und Weisen. Sie hatten allein schon aufgrund ihres Vielwissens einen guten Ruf und genossen Hochachtung. Außerdem und nicht zu vergessen, gab es die Mächtigen, die Einflussreichen, die Machthaber. Sie setzten die Spielregeln, sie bestimmten den Lauf der Dinge, ihrem Wirken entging niemand. Sehr wohl zu vergessen waren alle diejenigen, die zu keiner der Eliten zugehörig waren: Die Menschen aus den unteren sozialen Schichten, die Armen, die keinem reichen Elternhause entstammten, die keine Chance hatten, überhaupt eine anerkannte Tätigkeit auszuüben, die erst recht keine Gelegenheit hatten, sich durch qualifizierte Ausbildung Wissen anzueignen, die dadurch auch niemals nur in die Sphäre dessen kamen, wo bzw. um wen herum Macht und Einfluss herrschte, es sei denn, sie waren im Stande des Sklavendaseins und durften den Mächtigen dienen. Mit gebührender Geringachtung wurden daher alle behandelt, die „außen vor“ waren: Die Armen, Schwachen, Ungelehrten, Dummen und Törichten. Gar nicht zu reden von denen, die niemandem zu Nutze waren: Die Kranken, Alten, Gebrechlichen, Bettler und Krüppel. Sie alle waren Verachtete, Ausgestoßene, Weggedrängte. So war in Korinth ganz klar geregelt, wer sich zu welcher Gesellschaftsschicht zu rechnen hatte, wem wieviel Respekt und Achtung entgegengebracht zu werden hatte, wer mit Geringschätzung, gar Ver-Achtung oder völliger Ignoranz bedacht werden musste. Jeder hatte seinen eindeutig zugewiesenen Platz und somit Stellenwert. Und genau dieser gesellschaftliche Stellenwert bestimmte automatisch auch den Wert der Person. Nun denke sich ja keiner, dass es die korinthischen Elite-Bürger ein für allemal geschafft hätten. Sie waren keineswegs gesichert vor Verächtlichmachungen jeglicher Couleur. Auch unter ihresgleichen gab es Schattierungen und Parteiungen, gab es solche, die noch mehr Achtung und Ansehen genießen wollten, die sich noch mehr Ruhm aneignen wollten, als sie es anderen zugestehen konnten. Es gab einen wahren Wett- und Konkurrenzkampf um den größtmöglich zugebilligten Ruhmesplatz. Genau dieser Dünkel, dieses Denken blieb auch der Gemeinde von Korinth nicht fremd oder fern. Auch hier bildeten sich solche Parteiungen. Innerhalb dieser fing man nun ebenfalls an zu wetteifern: Um größeres Ansehen, fortgeschrittenere Weisheit, besseren Einfluss und dergleichen mehr. Jede Partei berief sich auf einen besser qualifizierten Apostel, eine höherwertige Leitfigur und beanspruchte absolute Gültigkeit: Es gab die Partei des Apollos, eine Partei der Chloe, eine Paulus- und sogar eine Christus-Partei. Jede Partei erhebt für sich das Recht alleiniger Geltung und bemüht sich die Konkurrenzpartei zu diffamieren. Das Gerangel um den ersten Platz findet also auch in der korinthischen Gemeinde statt.

Und hier setzt unser Text ein. Paulus konfrontiert die Gemeinde mit der Unsinnigkeit ihrer Denk- und Handlungsweise. Er erinnert sie unter anderem an den Ursprung der Gemeindebildung: Sie alle (zumindest die meisten unter ihnen) entstammen unterprivilegierten Gesellschaftsschichten. Der Großteil von ihnen gehört(e) zur sozialen Schicht der Sklaven, zu den gesellschaftlich Verachteten. Nun sind sie selbst dabei zu praktizieren, wodurch sie einst Ausgegrenzte waren. Nun beginnen bereits die Ausgestoßenen der Gesellschaft ihrerseits, andere auszugrenzen und abzuwerten. Wie absurd! Doch Paulus belässt es nicht dabei, die einzelnen an ihre soziale Abstammung und Herkunft zu erinnern. Er erklärt den Korinthern nicht nur, dass die Gemeinde ein Sammelbecken für gestrandete Existenzen ist. Er vermittelt ihnen, dass sie, die „nach dem Fleisch“ und „vor der Welt“ Disqualifizierte sind, in Wirklichkeit gerade dadurch vor Gott an Ansehen gewinnen, zu Berufenen und Erwählten Gottes werden, an denen Gottes Perspektive offenbar werden soll.

Die Perspektive Gottes auf den Menschen ist eine ganz andere als die, mit denen sich die Menschen untereinander zu betrachten und anzusehen angewöhnt haben. Vor Gott gilt nicht der finanzielle Reichtum, das pekuniäre Vermögen, die soziale Hochwohlgeborenheit. Vor Gott zählen nicht hoher Bildungsstand, universitäre Hochschulabschlüsse und Amtstitel. Gott lässt sich nicht beeindrucken durch weltliche, politisch-militärische Macht und Einflussmöglichkeit. Gott kann niemand imponieren, der sich selbst in Szene zu setzen weiß und von anderen Ruhm erntet. Keine Berühmtheit der Welt kann sich durch Bestechung und Korruption den Ruhm Gottes aneignen. Paulus macht in und mithilfe unseres Predigttextes die Perspektive Gottes klar: Gott beruft nicht oder nur selten die Weisen, die Mächtigen, die Angesehenen. Gott beruft vielmehr die, die vor der Welt töricht und schwach erscheinen. Gott erwählt eher diejenigen, die in der Welt gering und verachtet, die die „nichts" sind. Und, so heißt es in unserem Predigttext, Gott tut dies, um alles andere „zuschanden zu machen". Gott macht zuschanden, was und wer sich weise wähnt in der Welt. Gott macht zuschanden, was und wer sich anmaßt in der Welt stark zu sein. Gott macht zunichte, alles und jeden, das und der etwas in der Welt meint darstellen zu müssen. So stellt Gott quasi alles, was in und vor der Welt an Gültigkeit beansprucht wird, auf den Kopf: Gott hat erwählt, was töricht ist vor der Welt, damit er die Weisen zuschanden mache. Gott hat erwählt, was schwach ist vor der Welt, damit er zuschanden mache, was stark ist. Das Geringe und Verachtete vor der Welt hat Gott erwählt, das, was nichts ist, damit er zunichte mache, was etwas ist. Gott praktiziert (mit Nietzsche gesprochen) die „Umkehrung aller Werte": Weises, Starkes, Mächtiges und Angesehenes wird zuschanden und zunichte gemacht. Törichtes, Schwaches, Geringes und Verachtetes wird berufen und erwählt. Und Gott tut dies nicht aus Lust an Zerstörung und Vernichtung (Gott ist kein Nihilist), sondern in seiner alles umkehrenden Tat will er den Menschen, wie er ihn sieht, auferbauen. Daher soll sich niemand wegen seiner Weisheit, Macht und Stärke vor Gott rühmen, das alles hat vor Gott keinerlei Geltung und

eben deshalb auf Dauer auch keinen Bestand. Sondern wer sich rühmen will, der soll sich einzig und allein des Herrn rühmen.
Wir erinnern uns: So ist Gott in Jesus Christus Mensch geworden. So hat sich Gott in Jesus Christus ein kleines Kind erwählt, das die Verkörperung des Schwachen und Ausgelieferten, Ohnmächtigen und Abhängigen ist. So ließ sich Christus am Kreuz hinrichten, als Verbrecher wurde er zur Todesstrafe am Kreuz verurteilt. Vor der Welt galt er als ein Nichts, als das Aller-Verachtetste. Einem solchen Verbrecher galt es, absolute Verachtung entgegenzubringen. Wer einem solchen Verbrecher nachfolgt, muss vor der Welt zwangsläufig töricht erscheinen. An Jesus Christus offenbart sich das Heilshandeln Gottes. In Christus erwählte Gott, was vor der Welt töricht erschien und ließ daran die Weisen zuschanden werden. In Christus erwählte Gott, was vor der Welt schwach erschien und machte damit die Starken zuschanden. In Christus erwählte Gott, was in der Welt als gering und verachtet galt und damit die Angesehenen zunichte. Und wir, die wir diesem Christus nachfolgen, bekunden damit offen vor der Welt als töricht, schwach, gering und verachtet zu gelten. Doch nicht aus Spaß an der Erniedrigung und Unterwürfigkeit und devotem Verhalten, sondern, weil wir daran glauben, dass Weisheit, Stärke, Macht und Ansehen uns in unserer Beziehung zu Gott, in der Beziehung Gottes zu uns, oftmals in die Irre führen, vom Weg abbringen und keinesfalls hilfreich sind. Wir tun nicht gut daran, in unserer Gemeinde die Spielregeln der Welt einzuführen und um Ansehen, Ruhm und Ehre, um Einfluss und Macht, um Anerkennung und Akzeptanz zu buhlen. Wir tun nicht gut daran, wenn wir uns wie die Korinther verhalten und Menschen ausgrenzen, die nicht zu unserer Partei der Rechtgläubigen und sozial Etablierten zu gehören scheinen. Wir tun nicht gut daran, wenn wir in Vergessenheit geraten lassen, wo wir herkommen und was zum Charakteristikum einer Christus (nachfolgenden) Gemeinde gehört, nämlich das Zugestehen dessen, dass uns und anderen Torheit und Schwäche zu eigen sind. Doch eben auch, dass Gott eben das Törichte, Schwache, Geringe, Verachtete und Angenichtete

erwählt hat. Kein Mensch soll sich für so stark, weise und mächtig erachten, dass er meint, Gott für sich als Besitzanspruch zu beanspruchen oder vereinnahmen zu können. Gott lässt sich nicht durch uns in Denkgebäude einschließen, in Moralpredigten einengen, in ethische Eindeutigkeiten zwängen, in Zukunftsutopien festhalten oder einsperren. Gott will unseren engen Blickwinkel auf ihn, auf uns selbst und auf andere öffnen und von allen Verkrümmungen und Fehleinschätzungen befreien. Durch ihn sind wir, wie Paulus es schreibt in Christus Jesus, der uns von Gott gemacht zu Weisheit, Gerechtigkeit, Heiligung und Erlösung. An Christus können wir erkennen, was Gott mit uns vorhat. Vor Gott zählt nicht die Weisheit der Welt. Christus wird uns zur wahren Weisheit, zur Weisheit vor Gott. Vor Gott zählen nicht Selbstgerechtigkeit, Selbstwertgefühl, eigene Heilszusprechung und Selbsterlösung. Gott spricht uns in Christus gerecht. Gott heiligt in Christus. Er hat uns in Christus erlöst. Wir sind losgesprochen von der Sucht zur Selbstrühmung und Selbstanpreisung. Wir dürfen Gott rühmen und preisen und uns in ihm. Wir dürfen Christus nachfolgen, seinem Ruf nachfolgen. Wir brauchen nicht länger unseren Selbstwert vom uns zugedachten Ansehen abhängig sein zu lassen. Wir dürfen, wie Paulus es schreibt, auf unsere Berufung sehen. Seht doch, liebe Brüder, ich ergänze: liebe Schwestern, auf eure Berufung. Schielt nicht nach links und nach rechts, was andere von euch halten, wie andere euch ansehen. Achtet auf eure Berufung, achtet auf euren Be-Ruf, achtet auf den Ruf Gottes. Hört auf Gottes Stimme, sie zeigt euch den Weg. Denn Gott hat auch euch berufen, heilig und erlöst zu sein. Dazu seid ihr von Gott erwählt.

Und der Friede Gottes, der höher ist als all unsere menschliche Vernunft, bewahre unsere Herzen und Sinne in Christus Jesus. Amen.

(14) Christi Verklärung[36]: Exodus 3,1-10: Moses Berufung

Liebe Gemeinde!

Heute feiern wir „Christi Verklärung". Dazu haben wir eben die Evangelienlesung gehört, wie Jesus vor Petrus, Jakobus und Johannes verklärt wird. Was das meint, wird erst einmal nicht erklärt. Wie es ausgesehen haben soll, wird jedoch beschrieben: Jesu Angesicht leuchtet wie die Sonne, seine Kleider werden weiß, wie Licht. Jesus hat eine Erscheinung: Mose und Elia reden mit ihm. Er wird von einer lichten Wolke überschattet. Eine Stimme spricht aus der Wolke und bezeugt ihn als Gottessohn. Die Jünger fallen auf ihr Angesicht und erschrecken sich sehr. Jesus rührt sie an und gebietet ihnen, aufzustehen und sich nicht zu fürchten. Die gesamte Szene spielt auf einem hohen Berg. Nach der Szene steigt Jesus mit seinen Jüngern vom Berg herab. Er gebietet ihnen diesmal, niemandem von der Erscheinung zu erzählen, bis der Menschensohn von den Toten auferstanden sei. Wie würden Sie jemandem erklären, was Verklärung bedeutet?
Mir fällt zunächst auf, dass in unserem deutschen Wort „Verklärung" das Wort „Klärung" steckt. Klärung meint Reinigung, so, wie eine Kläranlage verschmutztes Wasser reinigt. Klärung führt zu Klarheit. Wenn wir Klarheit gewinnen, haben wir Zugang zu etwas gefunden, Einsicht dahinein erhalten. Wenn uns etwas klar wird, haben wir etwas verstanden, haben wir einen hellen Moment gehabt. In diesem lichten Augenblick ist uns etwas klar geworden, was vorher unklar und verschwommen war. Wir erlangen Erkenntnis, uns wird etwas bewusst, was vorher un-bewusst war, wovon wir nichts wussten. In unserer Geschichte wird Jesus „ver-klärt". Er wird hell, sein Angesicht strahlt wie die Sonne. Nicht nur sein Gesicht leuchtet, sogar seine Kleider werden hell, weiß wie Licht. In dieser Erleuchtung erfährt er eine Be-

[36] (16.1.2005)

gegnung. Es geschieht ihm eine Erscheinung. Längst verstorbene Personen, Propheten aus alter Vorzeit reden mit ihm. Die Erscheinung geschieht also durch die Zeit(en) hindurch. Diese Begegnung erfolgt sogar über den Tod hinaus. Wichtige Gottesmänner aus der Zeit der persönlichen Gottesbegegnung erscheinen dem verklärten Jesus. Auf dem hohen Berg, dem Ort der Gottesbegegnung, begegnet ihm Gott selbst. Verklärung meint somit eine Gottesbegegnung, die in Überwindung von Zeit und Tod zu absoluter Klarheit führt. So hat Jesus nicht nur Zugang zu Zukunftsverkündigern der Vergangenheit, sondern gewinnt auch selbst Einblick in Zukünftiges, Kommendes, sieht bereits die Auferstehung des Menschensohnes von den Toten voraus und kündigt dies seinen Jüngern an. In dessen Verklärung, wird Jesus vor seinen Jüngern als Sohn Gottes ge-offenbart. Die Stimme aus der lichten Wolke, die Jesus und seine Jünger über-schattet, bezeugt Jesus als den geliebten Sohn Gottes, den es zu hören gilt. Gott selbst bezeugt Jesus als den, an dem er Wohlgefallen hat und den er liebt. Gott gibt sich somit nicht nur Jesus, sondern Jesus auch den Jüngern zu erkennen. Den Jüngern wird klar, dass sie es hier nicht nur mit einem Menschen-, sondern auch mit einem Gottes-Sohn zu tun haben. Dies erkennend, fallen sie vor Schreck und Ehr-Furcht zu Boden, auf ihr Angesicht. Sie gehen zu Boden, verneigen sich vor Gott und dem Gottessohn. Erst durch die Be(- und An-)Rührung Jesu, trauen sie sich wieder (zu), aufzustehen.

Ähnlich furchtsam ist auch die Person, die in der Geschichte unseres heutigen Predigttextes eine Gottesbegegnung erfährt. Auch in dieser folgenden Geschichte ist von einer lichten Erscheinung (Gottes) die Rede. Sie alle werden die Geschichte bereits kennen, in der wir wiederum von einem Erlebnis auf bzw. an einem Berg erfahren. Dazu machen wir einen Sprung in die Vorzeit und hören von einer der Personen, mit denen Gott auf dem hohen Berg eine Unterredung hatte. Es geht um Mose und den brennenden Dornbusch. Ich lese aus Exodus 3, die Verse 1 bis 10:

Mose aber hütete die Schafe Jitros, seines Schwiegervaters, des Priesters in Midian, und trieb die Schafe über die Steppe hinaus und kam an den Berg Gottes, den Horeb. Und der Engel des HERRN erschien ihm in einer feurigen Flamme aus dem Dornbusch. Und er sah, dass der Busch im Feuer brannte und doch nicht verzehrt wurde. Da sprach er: Ich will hingehen und die wundersame Erscheinung besehen, warum der Busch nicht verbrennt. Als aber der HERR sah, dass er hinging, um zu sehen, rief Gott ihn aus dem Busch und sprach: Mose, Mose! Er antwortete: Hier bin ich. Gott sprach: Tritt nicht herzu, zieh deine Schuhe von deinen Füßen; denn der Ort, darauf du stehst, ist heiliges Land! Und er sprach weiter: Ich bin der Gott deines Vaters, der Gott Abrahams, der Gott Isaaks und der Gott Jakobs. Und Mose verhüllte sein Angesicht; denn er fürchtete sich, Gott anzuschauen. Und der HERR sprach: Ich habe das Elend meines Volks in Ägypten gesehen und ihr Geschrei über ihre Bedränger gehört; ich habe ihre Leiden erkannt. Und ich bin hernieder gefahren, dass ich sie errette aus der Ägypter Hand und sie heraus führe aus diesem Lande in ein gutes und weites Land, in ein Land, darin Milch und Honig fließt, in das Gebiet der Kanaaniter, Hetiter, Amoriter, Perisiter, Hiwiter und Jebusiter. Weil denn nun das Geschrei der Israeliten vor mich gekommen ist und ich dazu ihre Not gesehen habe, wie die Ägypter sie bedrängen, so geh nun hin, ich will dich zum Pharao senden, damit du mein Volk, die Israeliten, aus Ägypten führst.[37]

So, wie Mose - zu Beginn unserer Geschichte – die priesterliche Schafherde im Auftrag des schwieger-väterlichen Priesters Jitro über die Steppe hinaus zum Gottesberg Horeb führt, so soll er - gegen Ende unserer Geschichte – das Volk Gottes im Auftrag des Herrn, des Gottes seiner Väter, (des Gottes Abrahams, Isaaks und Jakobs,) aus der Hand der Ägypter hinausführen in ein Land, darin Milch und Honig fließt. Nur, dass Mose hier keinen Auftrag

[37] Lutherbibel, revidierter Text 1984, durchgesehene Ausgabe, © 1999 Deutsche Bibelgesellschaft, Stuttgart.

von seinem Schwiegervater erhält, sondern von Gott selbst. Wie Jesus in der Verklärungsgeschichte, so hat hier Mose eine wundersame Erscheinung: Zunächst erscheint ihm der Engel des Herrn in der feurigen Flamme aus dem Dornbusch. Mose sieht, dass der Busch im Feuer brennt und dennoch nicht ver-brennt. Mose wird neugierig und beschließt, sich die Sache näher anzusehen. Doch im Versuch seiner Annäherung, im Versuch seiner Er-Klärung durch das Betrachten, wird er von Gott selbst mit seinem Namen angesprochen: „Mose – Mose!" Mitten in seinem Annäherungs-Versuch muss er innehalten. „Hier - bin - ich". Er erinnert sich, wo er ist, dass er ist und wer er ist und antwortet auf Gottes Anrede. Und Gott gebietet Abstand und Respekt: „Tritt nicht herzu!" „Zieh deine Schuhe von deinen Füßen!" Denn: „Der Ort, darauf du stehst, ist heiliges Land!" Gott spricht das in Worten aus, was der Dornenbusch und das Feuer in sich darstellen: Distanz – Ent-Fernung: Wer sich einem Dornbusch zu sehr nähert, der verletzt sich. Wer dem Feuer zu nahe kommt, der verbrennt sich. So, wie es unmöglich ist, ohne Narben und Brandmale einem Dornbusch und dem Feuer in unvorsichtiger Annäherung zu entgehen, sollte sich auch niemand Gott respektlos nähern. Gott erinnert Mose an die Heiligkeit und stellt sich ihm anschließend erst einmal vor: „Ich bin der Gott deines Vaters." „Ich bin der Gott Abrahams, der Gott Isaaks und der Gott Jakobs." Erst jetzt weiß Mose, mit wem er es zu tun hat. Erst jetzt versteht er, was es mit der wundersamen Erscheinung, die ihn so neugierig machte und seinen Entdeckungstrieb weckte, auf sich hat. Erst jetzt wird ihm „klar", wer ihm hier begegnet und sein Leicht-Sinn findet ein Ende. So, wie die Jünger Jesu sich zu Boden werfen und auf ihr Angesicht fallen, so verhüllt nun Mose sein Angesicht. So, wie die Jünger sich plötzlich erschrecken, so fürchtet sich nun auch Mose davor, Gott anzuschauen. Und so, wie Gott den Jüngern erklärt, was sie tun sollen, nämlich auf Jesus hören, so erfährt nun Mose von Gott, was er zu tun hat: auf Gott hören. Dazu ist Gott hernieder gefahren und Mose begegnet, dass er ihn zum Pharao sendet, damit er die Israeliten aus Ägypten heraus führt, so, wie er bereits seine Schafe aus der

Steppe heraus geführt hat. Weil das Geschrei des Gottesvolkes vor Gott gekommen ist und er ihre Not und Bedrängnis gesehen hat, will er sein Volk aus der Sklaverei führen in ein Land, darin Milch und Honig fließt. Gott hat die Leiden seines Volkes erkannt und will es nun erretten. Er will sein Volk heraus führen aus dem engen Land der Knechtschaft in ein gutes und weites Land.
Auch unsere Leiden hat Gott erkannt. Auch unser Geschrei kommt vor Gott. Gott sieht auch unsere Not und Bedrängnis. Und Gott will auch uns heraus führen aus unserer Enge in ein gutes und weites Land. So können wir mit dem Volk Israel darauf hoffen, herausgeführt zu werden aus unserer Bedrükkung, befreit zu werden aus der Hand unserer Unterdrücker. So können wir vielleicht auch an unseren Narben und Brandmalen erkennen, dass wir uns so manchen Dornen und Feuern zu leichtsinnig genähert haben. Vielleicht können wir manchen wundersamen Erscheinungen zukünftig vorsichtiger und respektvoller entgegentreten. Vielleicht erinnern auch wir uns daran, wer, wo und was wir sind, um dann, wenn Gott uns anspricht, auch antworten zu können: „Hier bin ich!“ Vielleicht können auch wir, wenn wir vor Schreck zu Boden gehen, uns anrühren lassen und zusagen lassen: „Steht auf und fürchtet euch nicht!“ Vielleicht können auch wir in lichten Momenten „klar“ sehen und erkennen. Möge das Licht Gottes auch uns verklären! Mögen auch wir im Feuer brennen, ohne verzehrt zu werden.

Und der Friede Gottes, der höher ist als all´ unsere Vernunft, bewahre unsere Herzen und Sinne in Christus Jesus. Amen!

(15) Septuagesimae[38]: Römer 9,13b-24: Gottes freie Gnadenwahl

[38] (27.1.2002)

Liebe Gemeinde.

Dass der heutige Predigttext zu schockieren vermag, habe ich am Dienstag Abend im Predigtvorbereitungskreis erneut feststellen können. Nicht desto trotz werde ich ihnen nun den Text einfach einmal vorlesen. In Römer 9 heißt es in den Versen 13b bis 24 von Gott:

„Jakob habe ich geliebt, aber Esau habe ich gehasst." Was sollen wir nun hierzu sagen? Ist denn Gott ungerecht? Das sei ferne! Denn er spricht zu Mose (2. Mose 33,19): „Wem ich gnädig bin, dem bin ich gnädig; und wessen ich mich erbarme, dessen erbarme ich mich." So liegt es nun nicht an jemandes Wollen oder Laufen, sondern an Gottes Erbarmen. Denn die Schrift sagt zum Pharao (2. Mose 9,16): „Eben dazu habe ich dich erweckt, damit ich an dir meine Macht erweise und damit mein Name auf der ganzen Erde verkündigt werde." So erbarmt er sich nun, wessen er will, und verstockt, wen er will. Nun sagst du zu mir: „Warum beschuldigt er uns dann noch? Wer kann seinem Willen widerstehen?" Ja, lieber Mensch, wer bist du denn, dass du mit Gott rechten willst? Spricht auch ein Werk zu seinem Meister: Warum machst du mich so? Hat nicht ein Töpfer Macht über den Ton, aus demselben Klumpen ein Gefäß zu ehrenvollem und ein anderes zu nicht ehrenvollem Gebrauch zu machen? Da Gott seinen Zorn erzeigen und seine Macht kundtun wollte, hat er mit großer Geduld ertragen die Gefäße des Zorns, die zum Verderben bestimmt waren, damit er den Reichtum seiner Herrlichkeit kundtue an den Gefäßen der Barmherzigkeit, die er zuvor bereitete hatte zur Herrlichkeit. Dazu hat er uns berufen. Nicht allein aus den Juden, sondern auch aus den Heiden.[39]

[39] Lutherbibel, revidierter Text 1984, durchgesehene Ausgabe, © 1999 Deutsche Bibelgesellschaft, Stuttgart.

Soweit der Text. Vielleicht ergeht es Ihnen jetzt ähnlich, wie uns am Dienstag Abend bei der Besprechung des Textes. Sie haben ihn jetzt gehört und fragen sich: „Was ist das für ein Gott, der hier beschrieben wird?“ Tja, was ist das für ein Gott? Beim Wieder-Entdecken des Textes erinnerte ich mich noch einmal daran, wie schockierend der Text einst auch auf mich gewirkt hat – gerade mit seiner Aussage von der Verstockung! „Was ist das für ein Gott, der Menschen verstockt?“ fragte ich mich. Der Menschen „halsstarrig“ sein lässt! Wozu soll das gut sein? Und wen verstockt er? Es heißt: er verstockt, wen er will. Will er auch mich verstocken? Oder bin ich bereits verstockt? Was bedeutet dieses „verstocken“? (Hat da jemand vielleicht einen „Stock verschluckt“, was ihn „halsstarrig“ sein lässt?) In einer anderen Übersetzung heißt es: Wen er aber will, verhärtet er. Wiederum woanders fand ich: Er macht Menschen hart und gleichgültig, wenn er es will. Und ein anderes Mal las ich: Er macht jemanden so starrsinnig, dass er sich gegen ihn verschließt. Diese Verstockung hängt also tatsächlich damit zusammen, dass sich jemand absolut gegen Gott verschlossen hat. Dass Gott ihn hat verschlossen sein lassen. Da ist jemand hart geworden, wahrscheinlich auch bitter, zumindest aber stumpf und gleichgültig. Das meint Verstockung. - Will uns der Text nun Angst machen davor, dass auch wir zu den Menschen gehören könnten, die von Gott verstockt werden, weil er es so will?
Im Text ist auch von Gottes Zorn die Rede. Ist dies nicht ebenso ein Bild von Gott, das uns Angst und Schrecken einzujagen vermag? Es heißt: Da Gott seinen Zorn erzeigen und seine Macht kundtun wollte, hat er mit großer Macht ertragen die Gefäße des Zorns, die zum Verderben bestimmt waren. Ja, was ist das für ein Gott? - Ist er so despotisch und jähzornig, so willkürlich und machtbesessen, wie uns unsere Angst glauben lassen könnte? Er will seinen Zorn erzeigen und seine Macht kundtun. Macht er tatsächlich Gefäße des Zorns und Gefäße zu unehrenvollem Gebrauch, die von vornherein zum Verderben bestimmt sind? Hat er etwa Spaß daran, Menschen sadistisch zu

quälen und zu verderben? Ist das der Gott, an den wir zu glauben bereit sind?
Weiterhin ist im Text von Gottes Hass die Rede. Es heißt: Esau habe ich gehasst. Woanders wird übersetzt: Esau hat meinen Hass zu spüren bekommen. Wir erinnern uns an die Geschichte, in der Esau von Jakob zum Schwur veranlaßt wird, sein Erstgeburtsrecht gegen ein Linsengericht zu verkaufen (Exodus 25,29ff.) und anschließend von Jakob um seinen Erstgeburtssegen betrogen wird (Exodus 27). Und hier, in unserem Text, müssen wir uns anhören, dass der Betrüger von Gott geliebt, der Betrogene aber, von Gott gehasst wird? Ist das nicht wirklich zum Verzweifeln? Ähnliches hören wir über den Pharao. Wir erinnern uns an die Geschichte mit den 10 Plagen. Wir erinnern uns an den anschließenden Bericht von der Verstockung der Herzen aller Ägypter (Exodus 14,17) und an deren kläglichen Untergang im Schilfmeer. Ihm, dem ägyptischen Pharao, sagt Gott in der Schrift (Exodus 9,16): Eben dazu habe ich dich erweckt, damit ich an dir meine Macht erweise und damit mein Name auf der ganzen Erde verkündigt werde. Woanders wird übersetzt: Ich habe dich als König über Ägypten eingesetzt, damit an deinem Ungehorsam meine Macht allen sichtbar wird. Im Griechischen heißt es genauer: Eben dazu habe ich dich auftreten lassen. Dies läßt daran denken, als sei Gott Regisseur und Dramaturg in einem. Als ließe er einzelne Schauspieler auf der Bühne spielen, wie es ihm beliebt – ganz nach Belieben, absolut beliebig, bis diesen nichts mehr bleibt, als ihr eigener Unter- bzw. Abgang. Wird hier das Leben eines Menschen auf´s Spiel gesetzt, der ohnehin keine andere Chance hat, als gegen Gott zu verlieren? Sollte Gott so grausam und unfair, sollte er derart Macht- und „Gewinn-orientiert“ sein? Ist er wirklich so ein willkürlicher Gott, dass er als Töpfer Tonklumpen, beliebig, zum Wegwurf oder, nach Gutdünken, nicht zum Wegwurf bildet? Muss er an wehrlosem Ton seine Machtversessenheit abkneten, indem er, wie es heißt, ein Gefäß zu ehrenvollem und ein anderes zu nicht ehrenvollem Gebrauch macht? Oder dass er, wie es woanders heißt, ein Gefäß für die festliche Ta-

fel, ein anderes als Behälter für den Abfall macht? Immerhin ist hier von Menschen die Rede. Und, abgesehen davon, dass wir alle irdene, sterblich-vergängliche Gebilde aus Ton sind: Wer möchte denn ein Lehmklumpen sein, welcher zur Vernichtung geschaffen ist?

Daher die Frage: Wenn er den einen liebt, den andern aber hasst – wenn er den einen erwählt, den andern aber verstockt – wenn er dem einen gnädig ist, den andern aber verschließt – wenn er den einen zu einem Tafelgefäß, den andern aber zum Abfalleimer oder Aschenbecher macht – wenn er an einem die Herrlichkeit, am andern aber den Zorn zeigt – ist er dann nicht, wie es zu Beginn im Predigttext heißt, schlichtweg ungerecht?

Vor allem aber, wenn wir nicht wollen oder laufen können – bzw., wenn wir wollen und laufen können, so viel wir wollen, es aber ohnehin zu nichts führt, wozu sollen wir dann noch wollen und laufen? Was bleibt uns noch? Welche Wahl haben wir dann noch? Was können wir tun? Wozu sollen wir noch etwas tun? Oder direkter gefragt: Was nützt alles Tun? Und in Bezug auf unseren Lesungstext von den Arbeitern im Weinberg gefragt: Welchen Lohn erhalten wir für unser Tun? Und hier hat sich der oder die Fragende schon selbst verraten: Wenn wir nur arbeiten, um Lohn zu empfangen, wenn wir nur mehr arbeiten, um mehr Lohn zu empfangen, wenn wir genau berechnen können, wieviel wir arbeiten müssen, um wieviel Lohn zu empfangen, dann befinden wir uns vielleicht in guter Buchhaltung, aber garantiert nicht bei Gott. Gottes Gabe ist nicht berechenbar. Den Lohn, den ich von Gott verlange, kann ich weder einfordern, noch viel weniger einklagen. In einem kann ich sicher sein: Ich bekomme, was mir zusteht. Was mir allerdings zusteht, kann ich nicht sagen und nicht ermessen. So sehr mich auch dieser Text schockieren mag, er bringt auf den Punkt, was keiner von uns immer vor Augen haben möchte: Ich kann nicht mit Gott rechten! Ich kann Gott nicht zur Rechenschaft ziehen! Ich kann mir nicht anmaßen, Gott zu kritisieren! Natürlich kann ich versuchen, Gott zu kritisieren. Doch es ändert nichts an der Tatsache, dass Gott Gott ist, und ich Mensch. Selbst wenn ich in aller Radikalität gegen Gott zu Felde ziehe, mich von ihm abwende, mein eigenes Heil zu finden mich aufmache, daran, dass ich zu guter letzt seinem Willen unterliege, lässt sich nicht rütteln. Sogar wenn ich den Eindruck habe, derzeit von Gott verstockt zu sein und halsstarrig und eigensinnig meinen eigenen Zielen entgegen zu laufen mich mühe, so lässt sich Gott auch durch mich nicht hindern, seine Macht zu erweisen.

Und hier kommt die Botschaft des Paulus zum Tragen. Er geht davon aus, dass Gott sich auch nicht von seinem geliebten Volk Israel vorschreiben lässt, niemanden sonst in seinen göttlichen Heilsplan aufzunehmen. Er geht davon aus, dass Gott Gott genug ist, um selbst zu bestimmen, wen er erwählt und wem er barmherzig sein möchte. Und wenn Gott beschlossen hat, sein Erbarmen auch an den Heiden zu erweisen, so kann ihn niemand daran hindern. Mit dieser Argumentationslinie versucht Paulus einzig und allein der Gemeinde in Rom klarzumachen, dass sie, entgegen der Tradition, auch zu den Erwählten gehören kann. Das, was uns heutzutage selbstverständlich erscheint, dass nämlich das Evangelium jedem Menschen gilt, musste damals, vor circa 2000 Jahren, erst argumentativ begründet und erklärt werden. Damals gab es große Streitigkeiten darüber, wem das Evangelium von Jesus Christus überhaupt gilt. Es gab Vertreter der Judenmission, die behaupteten, die Frohe Botschaft dürfe nur den Juden weitergegeben werden. Diese beriefen sich darauf, dass Jesus erstens selbst Jude war, zweitens seine Jünger Juden waren, und er diese drittens angeblich nur zu den Juden gesandt habe, um das Evangelium zu verkünden. Paulus hingegen, obwohl er selbst auch Jude war, war der Überzeugung, die gute Nachricht gelte der ganzen Welt, über alle Völker- und Religionsgrenzen hinweg. Er beruft sich auf den Missionsbefehl Jesu Christi, in alle Welt zu gehen und alle Welt zu Jüngern zu machen, sie zu taufen und zu lehren. Aus diesem Grunde heißt Paulus auch der „Heidenapostel". Er versucht nun, gerade entgegen der landläufigen Meinung, Gott habe ausschließlich das Volk Israel erwählt und dieser Gott könne nicht der Gott anderer Völker sein und es auch niemals werden, dahin zu argumentieren, dass Gott eben mächtig genug ist, seine Wahl selbst zu treffen. Alles das, was uns am Dienstag Abend - und vielleicht auch heute Morgen – als absolut willkürlich und x-beliebig erschienen ist und weiterhin auch als solches erscheinen mag, ist eigentlich nur der Versuch des Paulus, uns Gott ein wenig näher zu bringen.

Paulus möchte nun aber nicht einen Angriff auf das Volk Israel, bzw. die Erwählung Israels starten. Er besteht auch auf die weiterhin gültige Erwähltheit dieses Volkes. Jedoch rückt er ab von der Ausschlie ßlichkeit einer Erwählung Israels. Er öffnet den Begriff der Ausschließlichkeit und erweitert die Erwählungs-Möglichkeit prinzipiell für jeden. Und er versucht den Spagat, diese neue Anschauungsweise, die aller bisherigen Lehre zu widersprechen wagt, mit Argumenten eben dieser bisherigen Lehre zu untermauern. Er beruft sich auf die Thora, auf die 5 Bücher Mose, auf das Gesetzbuch der Juden. Er zitiert wortwörtlich aus dem „Ersten Testament“. Er bezieht sich auf Aussagen Gottes an Mose und an den Pharao. Er erinnert an die Geschichten von den Erzvätern. Er erwähnt Jakob und Esau und knüpft damit an Gedankengänge an von der Erwählung Jakobs bzw. Israels und der Verwerfung Esaus, bzw. Edoms. Dieses vorsichtige Argumentationsverfahren wirkt deshalb auf uns so befremdlich und unverständlich – auf manch einen sogar abschreckend, weil es bemüht ist, niemanden auszuschließen und weil es versucht, die alte Lehre von der ausschließlichen Erwählung Israels um die ebenso mögliche Erwählung aus den Heiden zu ergänzen.

Nachdem ich nun bisher die uns anstößig erscheinenden Aussagen hervorgehoben habe, versuche ich im Folgenden, das uns Näherliegende zu betonen; in der Absicht und Hoffnung, die paulinische Theologie ein wenig verständlicher zu machen. Das Hauptargument im gedanklichen Beweisgang des Paulus ist die Gnade Gottes. Dazu heißt es: Wem ich gnädig bin, dem bin ich gnädig. Oder: Er schenkt seine Gnade, wem er will. Genauso heißt es vom Erbarmen Gottes: Wessen ich mich erbarme, dessen erbarme ich mich. Oder: So erbarmt er sich nun, wessen er will. Oder: So liegt es nun nicht an jemandes Wollen oder Laufen, sondern an Gottes Erbarmen. Vergleichbar heißt es von der Barmherzigkeit Gottes: Gott schenkt also seine Barmherzigkeit, wem er will. Und: An den Gefäßen der Barmherzigkeit wird er den Reichtum seiner Herrlichkeit kundtun. Beziehungsweise: An denen, die an seiner Herrlichkeit teilhaben sollten, wollte er seine Barmherzigkeit besonders erweisen. Und von der Liebe Gottes heißt es: Jakob habe ich geliebt. Jakob habe ich meine Liebe zugewandt. Jakob habe ich erwählt. Liebe wird hier also mit Erwählung in Verbindung gebracht. Wen Gott liebt, den kann er erwählen. Unabhängig davon, aus welchem Volk er stammt. Er erwählt nicht ausschließlich Juden. Er erwählt aber auch nicht ausschließlich Heiden. Und uns sei gesagt: Er erwählt auch nicht ausschließlich Christen. Von der Herrlichkeit Gottes ist die Rede wenn es heißt: An denen wollte er zeigen, wie unermesslich seine Herrlichkeit ist – an denen nämlich, über die er sich erbarmt und die er im voraus zur Teilnahme an seiner Herrlichkeit bestimmt hat. Die, die er liebt, die er erwählt und derer er sich erbarmt, die hat er bestimmt zur Teilhabe an seiner Herrlichkeit. Die Gefäße des Erbarmens sind bereitet zur Herrlichkeit und zur Ehre. Paulus schreibt: Gott hat mit großer Geduld die Gefäße des Zorns ertragen, damit er den Reichtum seiner Herrlichkeit kundtue an den Gefäßen der Barmherzigkeit, die er zuvor bereitet hatte zur Herrlichkeit. Dazu hat er uns berufen. Damit gibt Paulus kund, nicht nur dass wir berufen sind, sondern auch wozu wir berufen sind: Wir sind zur Teilnahme und Teilhabe an Gottes Herrlichkeit bestimmt! Wir sind dazu berufen, Gefäße der Barmherzigkeit zu sein! Auch an uns will er den Reichtum seiner Herrlichkeit kundtun! Und das tut er allein schon dadurch, dass er uns immer wieder zeigt, wie mächtig und unbegreiflich er ist. Nicht im Sinne eines unberechenbar willkürlich agierenden Despoten, sondern wie ein Schöpfer, der in der Lage ist, einen jeden Menschen, auch jeden einzelnen hier unter uns, jeden, den Sie und ich kennen, - so unverständlich es uns auch erscheinen mag – in seinen Heilsplan einzubeziehen. Gott will seine Macht erweisen und seinen Namen auf der ganzen Erde verkündigen lassen. Dazu vermag er es,

Menschen zu verhärten, aber auch erneut wieder zu öffnen: für ihn, für seine Gnade, für sein Erbarmen, für seine Barmherzigkeit, für seine Liebe und für seine Herrlichkeit. In Ewigkeit.

Amen.

(16) Sexagesimae[40]: Jesaja 55,6-12a: Gottes wunderbarer Weg

Der Predigttext für den heutigen Sonntag steht bei Jesaja, Kapitel 55, die Verse 6 bis 12a. Dort heißt es:

Suchet den HERRN, solange er zu finden ist; ruft ihn an, solange er nahe ist. Der Gottlose lasse von seinem Wege und der Übeltäter von seinen Gedanken und bekehre sich zum HERRN, so wird er sich seiner erbarmen, und zu unserm Gott, denn bei ihm ist viel Vergebung. Denn meine Gedanken sind nicht eure Gedanken, und eure Wege sind nicht meine Wege, spricht der Herr, sondern so viel der Himmel höher ist als die Erde, so sind auch meine Wege höher als eure Wege und meine Gedanken als eure Gedanken. Denn gleichwie der Regen und Schnee vom Himmel fällt und nicht wieder dahin zurückkehrt, sondern feuchtet die Erde und macht sie fruchtbar und lässt wachsen, dass sie gibt Samen zu säen, und Brot zu essen, so soll das Wort, das aus meinem Munde geht, auch sein: Es wird nicht wieder leer zu mir zurückkommen, sondern wird tun, was mir gefällt, und ihm wird gelingen, wozu ich es sende. Denn ihr sollt in Freuden ausziehen und in Frieden geleitet werden.[41]

---

[40] (10.2.2001)

[41] Lutherbibel, revidierter Text 1984, durchgesehene Ausgabe, © 1999 Deutsche Bibelgesellschaft, Stuttgart.

Liebe Gemeinde,

suchet den Herrn! Doch sucht ihn zur richtigen Zeit und am richtigen Ort. Sucht ihn, solange er zu finden ist und sucht ihn da, wo er sich finden lässt. Eine eigenartige Anweisung ist das. Wir sollen den Herrn suchen, ohne genau zu wissen, wann und wo er zu finden ist. Ein eigenartiges Versteckspiel ist das. Wir erhalten eine Suchaufforderung, ohne zu wissen, wie wir ihr nachgehen können, und erhalten zugleich die Zusage, derjenige, den wir suchen sollen, ließe sich finden. Genauso, die nächste Aufforderung: Rufet ihn an! Ruft ihn an, da wo er nahe ist, und solange er nahe ist. Wenn wir nur wüssten, wo er zu suchen und zu finden wäre, so wüßten wir auch, wo er uns nahe ist. Zwei Verheißungen enthält dieser erste Vers für uns: der Herr lässt sich finden und der Herr ist nahe! Der Gottlose lasse von seinem Weg! Der Übeltäter lasse von seinen Gedanken! Doch wer zählt sich schon freiwillig zu gottlosen Übeltätern? Vielleicht ist die Forderung eher für uns annehmbar, wenn es heißt: Lasst ab von euren gottlosen Wegen! Lasst ab von den Wegen, auf denen ihr ohne Gott unterwegs seid! Lasst ebenso ab von euren üblen Gedanken! Und lasst ab von euren üblen Taten! In einer anderen Übersetzung heißt es: Wer sich gegen den Herrn aufgelehnt hat, wer seine eigenen Wege gegangen, seinen eigenen Plänen gefolgt ist, der soll umkehren! Von diesem Vers dürfen wir uns alle angesprochen fühlen. Eigene Pläne zu verfolgen und eigene Wege zu gehen gilt nicht erst in unserer Zeit als erstrebenswert. Doch in unserem Text lautet die Forderung eben nicht: verfolge deine eigens geplanten, selbstgemachten Wege und schau, dass du der erste sein mögest, der ankommt. Sie lautet vielmehr: Der Gottlose lasse von seinem Wege und bekehre sich zum Herrn! Der Übeltäter lasse von seinen Gedanken und bekehre sich zu unserem Gott! Doch erfolgt nun keine Drohung, kein Strafverweis, wie wir es vielleicht erwarten würden, sondern eine erneute Verheißung: Der Herr wird sich erbarmen! Bei unserm Gott ist viel Vergebung! Unfassbar und tröstlich für uns alle: Unser Gott ist der Herr, der

sich finden lässt! Unser Gott ist der Herr, der nahe ist! Unser Gott ist der Herr, der uns hören will! Unser Gott ist der Herr, der sich uns zuwenden will! Er ist der Herr, der uns annehmen will. Er ist der, der voller Güte und Erbarmen ist. Ja, er erbarmt sich auch unserer übeltäterischen Gottlosigkeit! Für diese unbegreifliche Güte findet sich auch eine Begründung im Text. Es spricht der Herr: Meine Gedanken sind nicht eure Gedanken, und eure Wege sind nicht meine Wege. Seine Gedanken sind nicht übeltäterisch wie die unseren. Seine Wege sind nicht gottlos, wie die unseren. Sondern so viel der Himmel höher ist als die Erde, so sind seine Wege höher als unsere Wege und sind seine Gedanken höher als unsere Gedanken.
Nun stellt sich bloß noch die Frage, wie diese Aussage auf uns wirkt. Ich habe den gesamten Text einem Bekannten vorgelesen und wollte wissen, was er davon hält. Seine Antwort: „Dafür muß man religiös sein." Und ich wusste, er kann mit dem Text nicht so viel anfangen. Ich versuchte noch zu erklären, was mir an dem Text tröstlich erscheint, doch diese Sprache war nicht die seine. Und ich merkte, wie unmöglich es mir war, ihm das, was mir die Schönheit des Textes auszumachen schien, etwas näher zu bringen, ohne mir dabei lächerlich vorzukommen. Es ging nicht. Ich konnte mich ihm nicht verständlich machen. Ähnliche Verständigungsprobleme scheint der Verfasser des Textes auch gekannt zu haben. Er bedient sich eines Bildes, um das unbegreifliche Ereignis des (göttlichen) Wortes zu verdeutlichen. Ein ähnliches Bild, wie es uns schon aus Matthäus 4 (Vers 4b) vertraut sein dürfte, wo es heißt (vgl. Deuteronomium 8,3):

Der Mensch lebt nicht vom Brot allein, sondern von einem jeden Wort, das aus dem Mund Gottes geht.[42]

[42] Lutherbibel, revidierter Text 1984, durchgesehene Ausgabe, © 1999 Deutsche Bibelgesellschaft, Stuttgart.

Das Wort, das aus dem Munde Gottes geht, hat eine ganz konkrete Aufgabe. Das Wort hat die Kraft zu tun, was Gott gefällt. Dem Wort wird genau das gelingen, wozu Gott es sendet. Es sind Gottes Gedanken, die sich im Wort ereignen. Es sind Gottes Wege, die das Wort geht und zu denen das Wort die Menschen treibt. Genau wie Regen und Schnee vom Himmel fallen, die Erde befeuchten, sie fruchtbar machen und wachsen lassen, sodass der Sämann Samen zum säen hat und der Hungrige Brot zu essen, genauso kommt das Wort aus Gottes Mund und will auf guten, fruchtbaren Acker fallen. Und genauso, wie die Erde ohne den Himmelsregen alleine und fruchtlos bleibt, so bleibt der Mensch ohne Gottes Wort gottlos und übeltäterisch. Wir bedürfen des Wortes und das Wort erfüllt Gottes Plan, der dem unsrigen himmelhoch überlegen ist. Zu seinem Plan gehört, dass wir in Freuden ausziehen sollen und in Frieden geleitet werden. Und dazu bedarf es eines weiten Horizontes, eines offenen Himmels und des Vertrauens auf Gottes gütiges Wort.

Und zum Schluss lese ich den Predigttext noch einmal aus der Übersetzung der Guten Nachricht vor:

Sucht den HERRN, jetzt ist er zu finden! Ruft ihn, jetzt ist er nahe! Wer seine eigenen Wege gegangen ist und sich gegen den HERRN aufgelehnt hat, der lasse von seinen bösen Gedanken und kehre um zum HERRN, damit er ihm vergibt! Denn unser Gott ist reich an Güte und Erbarmen. »Meine Gedanken – sagt der HERR – sind nicht zu messen an euren Gedanken und meine Möglichkeiten nicht an euren Möglichkeiten. So hoch der Himmel über der Erde ist, so weit reichen meine Gedanken hinaus über alles, was ihr euch ausdenkt, und so weit übertreffen meine Möglichkeiten alles, was ihr für möglich haltet. Wenn Regen oder Schnee vom Himmel fällt, kehrt er nicht wieder dorthin zurück, ohne dass er etwas bewirkt: Er durchfeuchtet die Erde und macht sie fruchtbar, sodass sie Korn für das tägliche Brot hervorbringt und Saatgut für eine neue Ernte. Genauso ist es mit dem Wort, das ich spreche: Es kehrt nicht unverrichteter Dinge zu mir zurück, sondern bewirkt, was ich will, und führt aus, was ich ihm auftrage.« Unter Jubel werdet ihr den Weg in die Freiheit antreten, mit sicherem Geleit werdet ihr heimkehren.[43]

Amen.

(17) Sexagesimae[44]: Markus 4,26-29: Die von selbst wachsende Saat

Liebe Gemeinde!

Gerade erst hat das Jahr begonnen – und schon sind wir wieder dabei, es zu verplanen: Termine werden gemacht, Verabredungen werden getroffen, Urlaubspläne werden abgesprochen, der soeben noch leere – offene – Kalender füllt sich unversehens. Ein neuer „Zeit-Raum" ist uns eröffnet worden – doch der Rhythmus vom Vorjahr hat sich bereits wieder eingespielt. Alles scheint beim Alten zu bleiben, und weiterzugehen, wie zuvor – ohne Unterbrechung und Atempause. Wozu denn dann diese Umbrüche, Jahreswechsel / Jahreszeiten, - wozu das Hetzen und Eilen und Vorwärtsstreben - wenn doch nur das Gleiche wieder von vorn beginnt und alles beim Alten bleibt? Das Gleichnis in unserem heutigen Predigttext will uns ein anderes Vorgehen mit und in der Zeit vor Augen stellen: Da ist - von der Natur - mit und in der Zeit ein Rhythmus vorgegeben, der nicht zu Stress und zum Ausgebranntsein führt, sondern zur schöpfungsgewollten Er-Holung und zu gottgewolltem Wachstum. Im Markus-Evangelium, Kapitel 4, die Verse 26 bis 29 heißt es:

Und er [Jesus] sprach: Mit dem Reich Gottes ist es so, wie wenn ein Mensch Samen aufs Land wirft und schläft und aufsteht, Nacht und Tag; und der Sa-

[43] Gute Nachricht Bibel, revidierte Fassung, durchgesehene Ausgabe, © 2000 Deutsche Bibelgesellschaft, Stuttgart
[44] (30.1.2005)

me geht auf und wächst – er weiß nicht wie. Denn von selbst bringt die Erde Frucht, zuerst den Halm, danach die Ähre, danach den vollen Weizen in der Ähre. Wenn sie aber die Frucht gebracht hat, so schickt er alsbald die Sichel hin; denn die Ernte ist da.[45]

Auf den ersten Blick sieht es so aus, als handle es sich bei unserem Mann um einen faulen Kerl: das einzige was er tut ist Samen auf die Erde zu werfen. Anschließend legt er sich hin und schläft – ohne nachzuschauen, ob der Same aufgeht und wächst. Weder sieht er nach dem Wetter, noch kümmert er sich um das Unkraut. Im Gegensatz zur Geschichte der Evangelienlesung, kümmert er sich nicht darum, ob der Same unter Dornen oder Steine fällt bzw. von den Vögeln gefressen wird. Er geht nicht einmal selbst zur Ernte, sondern sendet die Sichel und lässt ernten. Doch ist er wirklich so arbeitsunwillig und leichtsinnig, wie es scheint? Ich finde, der Mann strahlt eine wunderbare Ruhe aus, - so, wie der gesamte Text. Es gibt keine Hektik in unserer Geschichte, nichts Überstürztes, Übereiltes. Der Mann lebt in seinem Rhythmus: schläft und steht auf. Nacht und Tag. Des Nachts schläft er, am Tage steht er auf. Er gibt sich dem Rhythmus von Nacht und Tag völlig hin: Voller Vertrauen legt sich der Mann schlafen - frei von Sorgen und Gewissensqualen, frei von Berechnungen und Mutmaßungen. Er ist nicht auf Massenproduktion aus, benötigt weder Treibhaus, noch Dünger, benutzt weder Unkrautvernichter noch Schädlingsbekämpfungsmittel, ebenfalls keinen Wachstumsbeschleuniger, noch bedient er sich der Genmanipulation. So, wie der Mann in seinem Gottvertrauen schläft, ruht der Same in der Erde. So, wie der Mann aufsteht, sprießt auch der Same und macht sich auf. Der Mann gibt sich dem Schlaf hin, wie der Same seinem Wachstum. Wie der Mann sich des Nachts zur Ruhe legt, um am Tag wieder aufzustehen, muss der Same „ersterben“, um wachsen zu können - so, wie Christus sterben musste, um auferstehen zu

[45] Lutherbibel, revidierter Text 1984, durchgesehene Ausgabe, © 1999 Deutsche Bibelgesellschaft, Stuttgart.

können. Es kann eben nur aus einem erstorbenen Korn eine neue Frucht wachsen. Das geerntete Korn, wieder als Same auf die Erde geworfen, lässt alles von vorn beginnen: Saat – Wachstum und Ernte. Der Kreislauf des Lebens: Nacht und Tag / Tod und Leben. Und das alles: das Sterben, Wachsen, Reifen und Frucht tragen, geschieht von ganz alleine – ganz von selbst. Im Griechischen heißt es „automatä" – wir kennen das Wort „automatisch". Der gesamte Prozess, in dem wir mitgemeint sind, geschieht also quasi „voll automatisch" – auf wunderbare Weise, ohne dass wir darin eingreifen müssen bzw. soll(t)en. Und alles geschieht zu seiner jeweils eigenen Zeit: Säen, Wachsen und Ernten. – Keine Phase des Wachstums wird übersprungen. Zuerst sprießt, bildlich gesprochen, der Same in der Erde, dann wird der Spross lang. Die Erde - unter der alles im Verborgenen geschieht – bringt die Frucht hervor: Zuerst den Halm, dann die Ähre und schließlich das volle Korn. In der Evangelienlesung - das Antependium erinnert uns daran – schlüsselt Jesus sein Gleichnis auf: Der Same ist das Wort Gottes. Die Vögel sind wie der Teufel, der das Wort aus dem Herzen nimmt. Der Fels verhindert, dass ein Same Wurzel schlagen kann. Die Dornen sind Sorgen, unter denen das Wort erstickt wird. Und das gute Land ist, wie ein feines Herz, das Frucht bringt in Geduld. Unser Gleichnis ist kurz und wird nicht wörtlich durch Jesus aufgeschlüsselt. Doch spricht er in der Evangelienlesung: „Euch ist's gegeben, die Geheimnisse des Reiches Gottes zu verstehen." Und in unserer Geschichte: „So ist das Reich Gottes!" Mit dem Reich Gottes ist es so, wie wenn ein Mensch Samen aufs Land wirft und schläft und aufsteht, Nacht und Tag; und der Same geht auf und wächst – er weiß nicht, wie. Denn von selbst bringt die Erde Frucht, zuerst den Halm, danach die Ähre, danach den vollen Weizen in der Ähre. Wenn sie aber die Frucht gebracht hat, so schickt er alsbald die Sichel hin; denn die Ernte ist da. Wir sind der Samen, der aus geworfen wird. Wir sind aufs Land / auf die Erde geworfen und dazu bestimmt, aufzugehen und zu wachsen. Darüber hinaus, und das ist das Beruhigende – dürfen auch wir darauf vertrauen - wie der schlafende Mann - dass wir aufgehen und wachsen und die Erde in uns die Frucht bringt – von selbst. Ohne falschen Ehrgeiz, ohne Eifer oder Zwang. Ohne Sorgen und Ängste vor Vögeln, Steinen und Dornen. Und auch ohne verkrampfte Panik vor der Ernte! In unserer Geschichte gibt es keinen Tag „X“, an dem „auf Teufel komm raus“ geerntet wird: „die Guten ins Töpfchen, die Schlechten ins Kröpfchen“. Es gibt kein Gut und kein Böse in unserer Geschichte. Es gibt nur das Wachsen der Frucht, das von selbst Geschehende. Was zu tun war, ist bereits getan: die Saat ist gesät. Nun bleibt noch das Vertrauen darauf, dass die Saat aufgeht, wächst und Frucht bringt. Wenn der Mann, der Sämann, Gott selbst - im Vertrauen auf die Erde - sich in Seelenruhe zum Schlaf hinlegen kann, dürfen auch wir uns diesem Vertrauen hingeben und anheimstellen. Von selbst bringt die Erde Frucht – und wenn die Frucht es erlaubt, ist die Ernte da. Ich wünsche uns allen diese Gelassenheit, die innere Ruhe, mit welcher sich der Mann voller Vertrauen schlafen legen kann, dieses Gottvertrauen, das sich dem Rhythmus von Nacht und Tag hingibt, bis die Frucht zur Ernte gereift ist.

Und der Friede Gottes, der höher ist als all´ unsere Vernunft, bewahre unsere Herzen und Sinne in Christus Jesus. Amen.

Printed by Books on Demand GmbH, Norderstedt / Germany